中华人民共和国国家统计局
National Bureau of Statistics of
the People's Republic of China

房地产蓝皮书

中国房地产市场运行监测报告

(2013)

Monitoring Report on Real Estate Operation of China 2013

主编 马建堂

副主编 许宪春 贾 海

中国人民大学出版社
·北京·

《中国房地产市场运行监测报告（2013）》

编委会和编辑部人员

前　言

　　2013 年，国内外经济形势错综复杂，党中央、国务院坚持稳中求进的工作总基调，保持定力，精准发力，科学决策，积极创新宏观调控方式，坚定不移推进改革开放，全年工农业生产稳定增长，城乡居民收入继续增加，物价增长保持平稳，GDP 比上年增长 7.7%，达到了预期目标。

　　2013 年，房地产市场经历了从年初的火爆到全年理性增长的回归。商品房销售在年初超高速增长后持续回落，全年销售面积增长 17.3%，销售额增长 26.3%；房地产开发投资增速由年初的 22.8%回落至全年 19.8%；新开工面积、土地购置等指标由负转正；房地产开发企业到位资金快速增长。在全国房地产各项指标运行均好于上年的大背景下，房地产市场的分化趋于明显，一线城市供需矛盾突出，房价上涨压力持续加大，而部分三四线城市则出现供过于求现象。鉴于此，国家着手研究建立长效机制，以求从税收、土地、信贷等多个方面协同作用，促进房地产市场健康发展。各地也针对本地区房地产市场运行特点出台了具体措施，维护房地产市场良性运行。

　　通过大量翔实的房地产统计数据，本书编写组致力于提供一份较为系统和全面的房地产市场运行监测分析报告，不仅展现了 2013 年房地产市场的总体运行特点和重点城市的运行情况，同时新增了我国房地产政策走向，能够为企业、金融机构、研究部门和社会公众提供第一手的研究材料，对房地产企业制定下一年度的开发、销售管理等策略有很好的参考意义。此外，为了增加对行业发展国际背景的理解，本书也介绍了国外主要国家和地区的房地产市场运行情况。

到今年，《中国房地产市场运行监测报告》已经走过了六个年头。作为国家统计局对房地产市场研究的年度重要分析产品，本书是行业内唯一权威的政府统计分析报告，字里行间凝聚着国家统计局房地产市场统计监测小组全体成员和重点城市房地产统计人员的辛勤劳动，得到了住房和城乡建设部、国土资源部同仁的一贯支持，中国人民大学出版社编辑人员进行了严谨周密的编辑加工，在此表示衷心感谢。

编　者

目　录

第一部分

2013 年国民经济运行稳中向好

2013 年，面对极为错综复杂的国内外形势，党中央、国务院坚持稳中求进的工作总基调，保持定力，精准发力，科学决策，积极创新宏观调控方式，坚定不移推进改革开放，经济社会发展稳中有进、稳中向好，呈现增长平稳、就业增加、物价稳定、结构优化、效益提高、民生改善的良好局面。

初步核算，全年 GDP 568 845 亿元，按可比价格计算，比上年增长 7.7％。分季度看，一季度同比增长 7.7％，二季度增长 7.5％，三季度增长 7.8％，四季度增长 7.7％。分产业看，第一产业增加值 56 957 亿元，增长 4.0％；第二产业增加值 249 684 亿元，增长 7.8％；第三产业增加值 262 204 亿元，增长 8.3％。

一、农业生产稳定增长

全年全国粮食总产量 60 194 万吨，比上年增加 1 236 万吨，增长 2.1％。其中，夏粮产量 13 189 万吨，增长 1.5％；早稻产量 3 407 万吨，增长 2.4％；秋粮产量 43 597 万吨，增长 2.3％。全年猪牛羊禽肉产量 8 373 万吨，比上年增长 1.8％，其中猪肉产量 5 493 万吨，增长 2.8％。生猪存栏 47 411 万头，比上年下降 0.4％；生猪出栏 71 557 万头，比上年增长 2.5％。全年禽蛋产量 2 876 万吨，比上年增长 0.5％。

二、工业生产平稳增长

全年全国规模以上工业增加值按可比价格计算比上年增长 9.7％。分季度看，一季度同比增长 9.5％，二季度增长 9.1％，三季度增长 10.1％，四季度增长 10.0％。分经济类型看，国有及国有控股企业增加值比上年增长 6.9%，集体企业增长 4.3%，股份制企业增长 11.0%，外商及港澳台商投资企业增长 8.3%。分三大门类看，采矿业增加值比上年增长 6.4%，制造业增长 10.5%，电力、热力、燃气及水生产和供应业增长 6.8%。分地区看，东部地区增加值比上年增长 8.9%，中部地区增长 10.7%，西部地区增长 11.0%。

全年规模以上工业企业产销率达到 97.8%。规模以上工业企业实现出口交货值 113 471 亿元，比上年增长 5.0%。

三、固定资产投资保持较快增长

全年固定资产投资（不含农户）436 528 亿元，比上年名义增长 19.6%（扣除价格因素实际增长 19.2%）。其中，国有及国有控股投资 144 056 亿元，增长 16.3%；民间投资 274 794 亿元，增长 23.1%，占全部投资的比重为 63%。分地区看，东部地区投资比上年增长 17.9%，中部地区增长 22.8%，西部地区增长 23.0%。分产业看，第一产业投资 9 241 亿元，比上年增长 32.5%；第二产业投资 184 804 亿元，比上年增长 17.4%；第三产业投资 242 482 亿元，比上年增长 21.0%。

四、房地产投资较快增长

全年全国房地产开发投资 86 013 亿元，比上年名义增长 19.8%（扣除价格因素实际增长 19.4%），其中住宅投资增长 19.4%，提高 8.0 个百分点。房屋新开工面积 201 208 万平方米，比上年增长 13.5%，其中住宅新开工面积增长 11.6%。全国商品房销售面积 130 551 万平方米，比上年增长 17.3%，其中住宅销售面积增长 17.5%。全国商品房销售额 81 428 亿元，增长 26.3%，其中住宅销售额增长 26.6%。全年房地产开发企业土地购置面积 38 814 万平方米，比上年增长 8.8%。全年房地产开发企业到位资金 122 122 亿元，比上年增长 26.5%。

五、市场销售稳定增长

全年社会消费品零售总额 234 380 亿元，比上年名义增长 13.1%（扣除价格因素实际增长 11.5%），其中，限额以上企业（单位）消费品零售额 118 885 亿元，增长 11.6%。按经营单位所在地分，城镇消费品零售额 202 462 亿元，比上年增长 12.9%；乡村消费品零售额 31 918 亿元，比上年增长 14.6%。按消费形态分，餐饮收入 25 392 亿元，比上年增长 9.0%；商品零售 208 988 亿元，比上年增长 13.6%。在商品零售中，限额以上企业（单位）商品零售额 110 704 亿元，增长 12.7%。其中，汽车类增长 10.4%，家具类增长 21.0%，家用电器和音像器材类增长 14.5%。

六、进出口增速企稳回升

全年进出口总额 41 603 亿美元，比上年增长 7.6%。其中，出口 22 100 亿美元，增长 7.9%；进口 19 503 亿美元，增长 7.3%。进出口相抵，顺差 2 597.5 亿美元。进出口总额中，一般贸易进出口 21 973 亿美元，比上年增长 9.3%，加工贸易进出口 13 578 亿美元，增长 1.0%。出口额中，一般贸易出口 10 876 亿美元，增长 10.1%，加工贸易出口 8 608 亿美元，下降 0.2%。进口额中，一般贸易进口 11 097 亿美元，增长 8.5%；加工贸易进口 4 970 亿美元，增长 3.3%。

七、居民消费价格基本平稳

全年居民消费价格比上年上涨 2.6%。其中，城市上涨 2.6%，农村上涨 2.8%。分类别看，食品价格比上年上涨 4.7%，烟酒及用品上涨 0.3%，衣着上涨 2.3%，家庭设备用品及维修服务上涨 1.5%，医疗保健和个人用品上涨 1.3%，交通和通信下降 0.4%，娱乐教育文化用品及服务上涨 1.8%，居住上涨 2.8%。全年工业生产者出厂价格比上年下降 1.9%，工业生产者购进价格比上年下降 2.0%。

八、居民收入继续增加

全年城镇居民人均总收入 29 547 元。其中，城镇居民人均可支配收入 26 955 元，比上年名义增长 9.7%，扣除价格因素实际增长 7.0%；全年农村居民人均纯收入 8 896 元，比上年名义增长 12.4%，扣除价格因素实际增长 9.3%。按城乡住户调查一体化后的新口径计算，2013 年全国居民人均可支配收入 18 311 元，比上年实际增长 8.1%。

九、货币供应增长平稳

12 月末，广义货币（M2）余额 110.65 万亿元，比上年末增长 13.6%；狭义货币（M1）余额 33.73 万亿元，增长 9.3%；流通中货币（M0）余额 5.86 万亿元，增长 7.1%。12 月末，人民币贷款余额 71.9 万亿元，人民币存款余额 104.38 万亿元。全年新增人民币贷款 8.89 万亿元，比上年多增 6 879 亿元，新增人民币存款 12.56 万亿元，比上年多增 1.74 万亿元。

十、人口与就业形势总体稳定

2013 年末，中国大陆总人口（包括 31 个省、自治区、直辖市和中国人民解放军现役军人，不包括香港、澳门特别行政区和台湾地区以及海外华侨人数）136 072 万人，比上年末增加 668 万人。出生人口 1 640 万人，人口出生率为 12.08‰，死亡人口 972 万人，人口死亡率为 7.16‰，人口自然增长率为 4.92‰。年末全国就业人员 76 977 万人，比上年末增加 273 万人，其中城镇就业人员 38 240 万人，比上年末增加 1 138 万人。

从以上情况来看，2013 年，面对复杂严峻的国内外经济形势，党中央坚持稳中求进的工作总基调，将转方式、调结构放在突出位置，所采取的一系列稳增长、调结构举措取得了明显成效，经济社会发展呈现出稳中有进、稳中向好的态势。

但也要清醒地认识到，我国经济正处于发展转型的关键时期，长期积累的不平衡、不协调、不可持续的深层次矛盾依然存在，经济运行稳中有忧，回升基础仍需巩固。

一是经济运行仍存在下行压力。尽管创新宏观调控方式，加快推进改革开放对稳定预期、提振信心、激发内在活力起到了积极作用，需求总体上有所改善，但消费需求增长动力偏弱，企业投资意愿不强，出口竞争力下降没有根本改变。2013 年，新开工项目计划总投资同比增长 14.2%，低于全部投资 5.4 个百分点，增速比上年回落 14.4 个百分点，投资接续能力不足。受收入增长放缓、新消费增长点尚待培育的影响，消费增长动力仍然偏弱。2013 年，城镇居民人均可支配收入、农村居民人均纯收入增速分别比上年回落 2.6 个和 1.4 个百分点，城镇居民人均可支配收入增速为 2001 年以来最低。世界经济仍然存在不稳定不确定因素，外部环境仍然复杂严峻，保持出口平稳增长仍面临不少挑战。企业预期仍不稳定，2013 年 12 月，制造业采购经理指数（PMI）为51.0%，尽管仍处在景气区间，但比上月小幅回落 0.4 个百分点。

二是产能过剩矛盾依然突出。2013 年，各地区各部门按照中央经济工作会议确定的"四个一批"要求，坚定不移化解产能过剩，加上预期改善和生产加快，工业企业产能利用率逐季提高，四季度工业产能利用率达到 80.3%，比三季度上升 0.7 个百分点，但产能利用率仍然低于 82% 左右的正常水平。尤其是部分传统产业的产能利用率仍处于较低水平，黑色金属冶炼和压延加工业、非金属矿物制品业产能利用率分别仅为 77.7%、76.5%。

三是小微企业生产经营困难未见明显缓解。2013 年，党中央、国务院对中小企业特别是小微企业困难高度关注，采取了暂免征收部分小微企业增值税和营业税等一系列措施，小微企业生产经营困难有所改善。四季度，有 17.1% 的小微企业反映生产经营状况良好，比三季度提高 0.5 个百分点，但调查表明，小微企业仍处在不景气区间，有 18.9% 的企业反映经营状况不佳，比生产经营状况良好的企业比例高 1.8 个百分点。资金紧张状况也未见缓解，四季度，小微企业中，有 35.3% 的企业反映流动资金紧张，比三季度提高 0.5 个百分点。有银行借款需求的小微企业中，57.8% 的企业没能从银行获得借款，15.2% 的企业从银行获得少部分借款，17% 的企业从银行获得大部分借款，仅有 10% 的企业从银行获得全部借款。小型企业制造业 PMI 连续下行。2013 年 12 月，小型企业 PMI 为 47.7%，继续位于临界点以下，比上月下降 0.6 个百分点，为连续第 5 个月下降。

总之，2013 年是非常不平凡的一年，面对极为错综复杂的国内外经济形势，党中央、国务院坚持稳中求进的工作总基调，坚定不移推进改革开放，经济社会发展稳中有进、稳中向好，其中经济增长、物价和就业形势保持了"稳"，调结构、促转型、惠民生取得了"进"的良好局面。但同时也要看到，下阶段国民经济运行下行压力仍然较大，经济保持平稳增长的基础仍需巩固。2014 年，要继续全面贯彻落实党的十八届三中全会精神，全面深化改革，坚持稳中求进，改革创新，以改革促稳定发展，以改革促转型升级，以改革促提质增效，以改革促民生改善，推动经济社会持续健康发展。

第二部分

2013 年全国房地产市场运行情况

2013 年，在新"国五条"等调控政策和各项经济改革政策的影响下，房地产开发投资稳步增长，商品房销售高开低走，企业到位资金比较充裕，土地市场逐步回暖，房地产市场进入调整期。与 2012 年相比，各主要指标增速均有所提高。

一、房地产开发情况

（一）房地产开发投资增长 19.8%

2013 年，房地产开发投资平稳增长，全年全国房地产开发投资 86 013 亿元，比上年增长 19.8％，增速比 2012 年提高 3.6 个百分点（见图 2—1）。

图 2—1　1994 年以来全国房地产开发投资情况

全年看，投资增速在 1—2 月达到 22.8％后呈逐步回落态势，全年增速比年初回落 3 个百分点，比一季度回落 0.4 个百分点，比上半年回落 0.5 个百分点，比前三季度提高 0.1 个百分点（见图 2—2）。

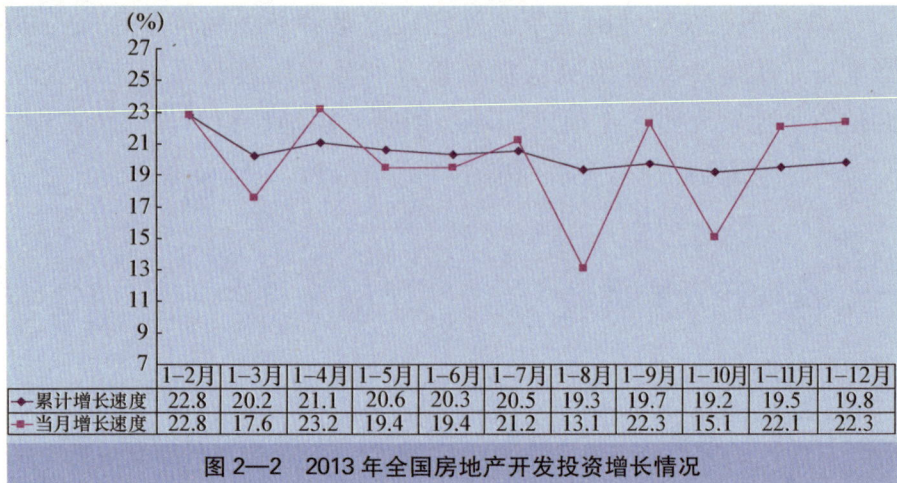

	1—2月	1—3月	1—4月	1—5月	1—6月	1—7月	1—8月	1—9月	1—10月	1—11月	1—12月
累计增长速度	22.8	20.2	21.1	20.6	20.3	20.5	19.3	19.7	19.2	19.5	19.8
当月增长速度	22.8	17.6	23.2	19.4	19.4	21.2	13.1	22.3	15.1	22.1	22.3

图 2—2　2013 年全国房地产开发投资增长情况

（二）东、中、西部地区房地产开发投资增速均比上年提高，东部地区提高最快

2013 年，东部地区房地产开发投资 47 972 亿元，增长 18.3%，增速比 2012 年提高 4.4 个百分点；中部地区投资 19 045 亿元，增长 20.8%，增速提高 2.5 个百分点；西部地区投资 18 997 亿元，增长 22.6%，增速提高 2.2 个百分点。

31 个省、自治区、直辖市中，10 个地区房地产开发投资增速比 2012 年回落。21 个增速提高地区中，6 个地区提高幅度超过 10 个百分点，分别为：内蒙古增长 14.5%，2012 年为下降 18.8%；新疆增长 36.2%，增速比 2012 年提高 18.8 个百分点；福建增长 31.1%，增速提高 13.7 个百分点；上海增长 18.4%，增速提高 12.7 个百分点；河南增长 26.6%，增速提高 11 个百分点；河北增长 11.6%，增速提高 10.6 个百分点（见图 2—3）。

（三）住宅投资增速大幅提高，非住宅类房屋投资增速回落

2013 年，房地产开发住宅投资 58 951 亿元，增长 19.4%，增

（亿元）　　■房地产开发投资额　◆增速　　　（%）

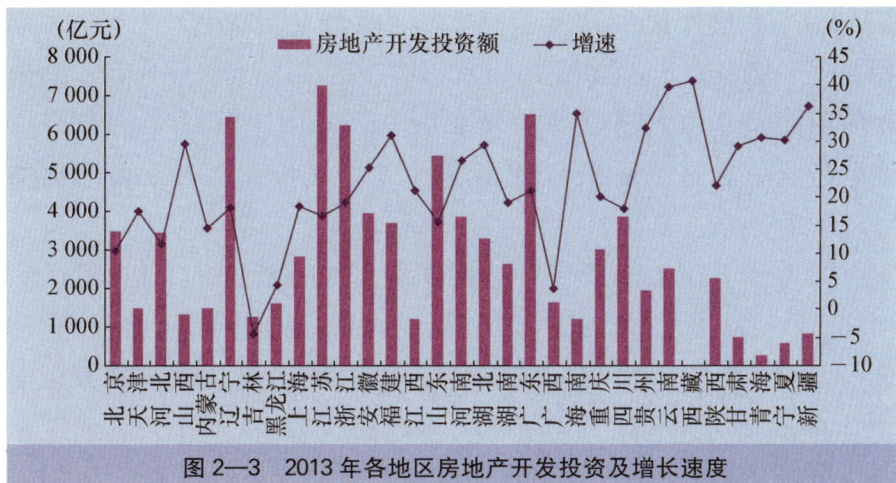

图 2—3　2013 年各地区房地产开发投资及增长速度

速比 2012 年提高 8 个百分点。非住宅类房屋投资 27 063 亿元，增长 20.7%，增速回落 7.6 个百分点。其中，办公楼投资 4 652 亿元，增长 38.2%，增速提高 6.6 个百分点；商业营业用房投资 11 945 亿元，增长 28.3%，增速提高 2.9 个百分点；其他房屋投资 10 465 亿元，增长 7.3%，增速回落 22.8 个百分点（见图 2—4）。

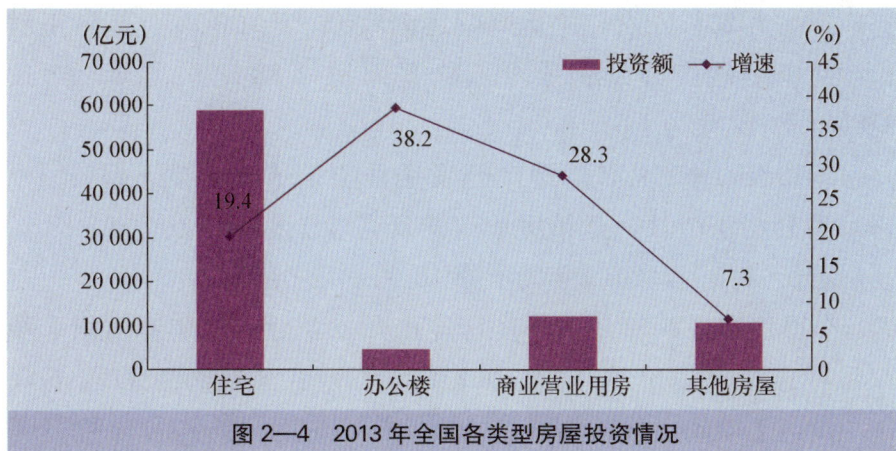

（亿元）　　　　　　■投资额　◆增速　　　（%）

图 2—4　2013 年全国各类型房屋投资情况

（四）施工面积增速提高，新开工面积增速由负转正

2013 年，房地产开发企业房屋施工面积 66.56 亿平方米，增

长 16.1%，增速比 2012 年提高 2.9 个百分点。其中，住宅施工面积 48.63 亿平方米，增长 13.4%，增速提高 2.8 个百分点；办公楼施工面积 2.46 亿平方米，增长 26.5%，增速提高 5 个百分点；商业营业用房施工面积 8.06 亿平方米，增长 22.5%，增速提高 4.9 个百分点。

2013 年，房地产开发企业房屋新开工面积 20.12 亿平方米，增长 13.5%，2012 年为下降 7.3%。其中，住宅新开工面积 14.58 亿平方米，增长 11.6%，2012 年为下降 11.2%；办公楼新开工面积 0.69 亿平方米，增长 15.0%，增速提高 4.1 个百分点；商业营业用房新开工面积 2.59 亿平方米，增长 17.7%，增速提高 11.5 个百分点。

（五）土地购置面积和成交价款均转为正增长

2013 年初，房地产开发企业土地购置面积延续了上年下降态势，降幅为 20% 左右，之后降幅逐渐收窄，于 1—11 月转为正增长，全年房地产开发企业土地购置面积 3.88 亿平方米，增长 8.8%，2012 年为下降 19.5%。

2013 年 1—2 月，房地产开发企业土地成交价款下降 12%，1—4 月转为正增长，全年房地产开发企业土地成交价款 9 918 亿元，增长 33.9%，2012 年为下降 16.7%（见图 2—5）。

分季度看，2013 年一季度房地产开发企业土地购置面积下降 22%，土地成交价款下降 10.2%；上半年土地购置面积下降 10.4%，土地成交价款增长 7.5%；前三季度土地购置面积下降 3.3%，土地成交价款增长 14.6%；全年土地购置面积增长 8.8%，土地成交价款增长 33.9%。

2013 年，房地产企业待开发土地面积 42 280 万平方米，比 2012 年增加 2 084 万平方米，增长 5.2%（见图 2—6）。

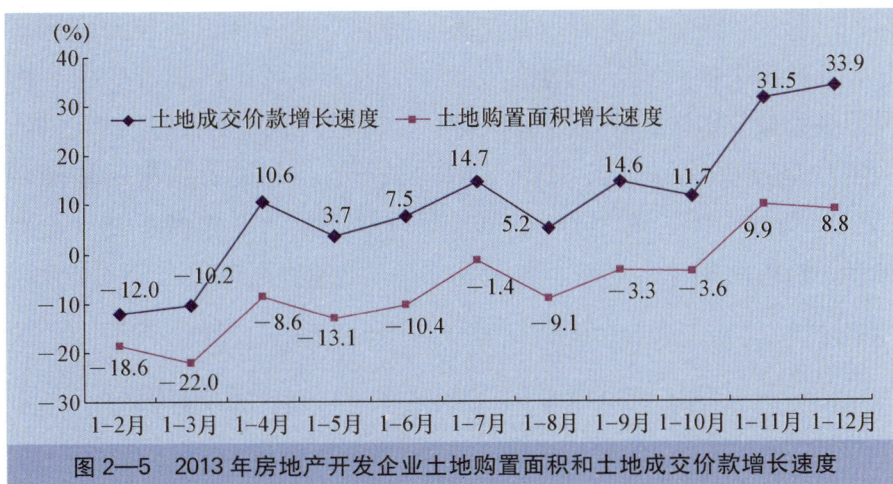

图 2—5　2013 年房地产开发企业土地购置面积和土地成交价款增长速度

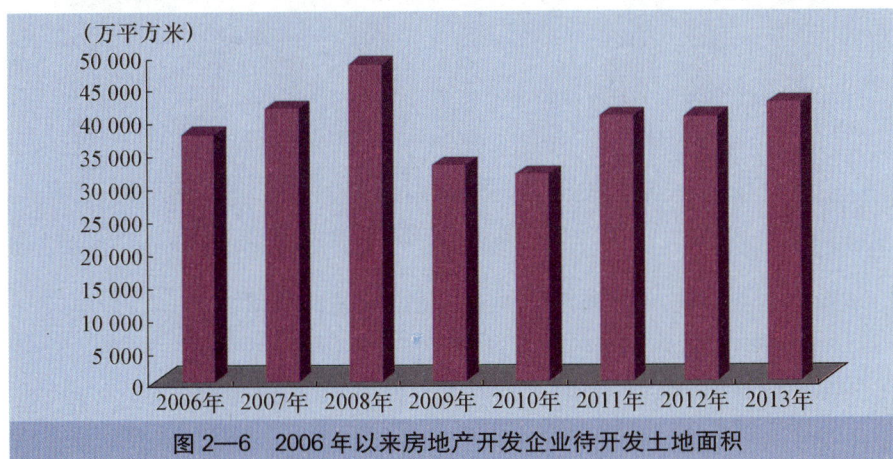

图 2—6　2006 年以来房地产开发企业待开发土地面积

二、房地产市场销售情况

（一）新建商品房销售突破 13 亿平方米

2013 年初新"国五条"颁布后，在搭政策"末班车"心理影响下，全国二手房销售出现井喷式增长，并波及新建商品房销售。随着各地实施细则的出台，人们心理预期渐趋稳定，新建商品销售在年初高速增长后增速持续回落。2013 年一季度、上半年、前三季度和全年，商品房销售面积分别增长 37.1％、28.7％、23.3％和 17.3％；商品房销售额分别增长 61.3％、43.2％、33.9％和 26.3％（见图 2—7），两者均呈逐季快速回落态势。2013 年全年，全国商品房销售面积 130 551 万平方米，比上年增长 17.3％，增速比 2012 年提高 15.5 个百分点；销售额 81 428 亿元，增长 26.3％，增速提高 16.3 个百分点。

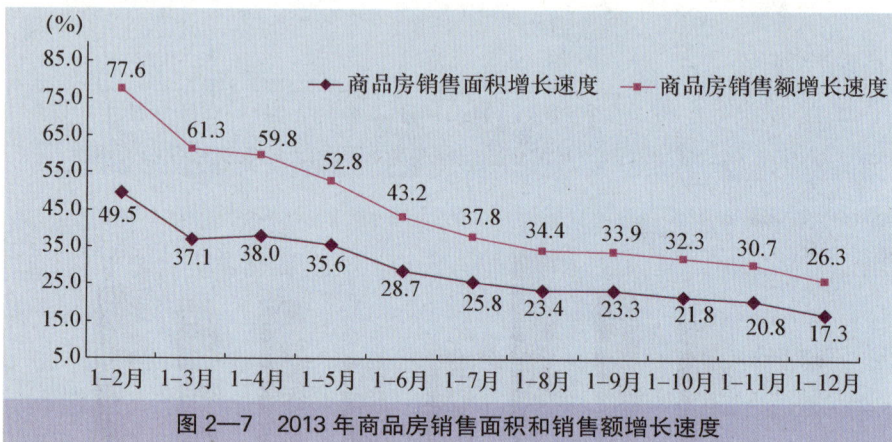

图 2—7　2013 年商品房销售面积和销售额增长速度

1. 分地区看，东部地区商品房销售增长最快

2013 年，东部地区商品房销售面积 63 476 万平方米，增长 19.3％，增速比 2012 年提高 13.6 个百分点；销售额 49 327 亿元，增长 28.4％，增速提高 15.5 个百分点。中部地区商品房销售面积 35 191 万平方米，增长 16.8％，增速提高 14.8 个百分点；销售额 16 524 亿元，增长 26.9％，增速提高 18.4 个百分点。西部地区商品房销售面积 31 883 万平方米，增长 14.1％，2012 年为下降 5.5％；销售额 15 576 亿元，增长 19.6％，增速提高 15.9 个百分点。

2. 分用途看，住宅、办公楼销售较快增长

2013 年，住宅销售面积 115 723 万平方米，增长 17.5％，增速比 2012 年提高 15.5 个百分点；销售额 67 695 亿元，增长 26.6％，增速提高 15.7 个百分点。办公楼销售面积 2 883 万平方米，增长 27.9％，增速提高 15.5 个百分点；销售额 3 747 亿元，

增长 35.1%，增速提高 22.9 个百分点。商业营业用房销售面积 8 469 万平方米，增长 9.1%，2012 年为下降 1.4%；销售额 8 280 亿元，增长 18.3%，增速提高 13.5 个百分点。

（二）二手房成交高速增长①

据住房和城乡建设部 40 个重点城市房地产市场信息系统数据显示，2013 年，二手房成交面积 19 654 万平方米，比上年增长 48.8%。其中，二手住房成交 16 901 万平方米、195.6 万套，分别增长 62.6% 和 59.1%。

从全年看，40 个重点城市二手住房成交面积增速呈逐步回落态势。年初和一季度均超过 2 倍增长，上半年增长 1.3 倍，前三季度增长 83.4%，全年增长 62.6%。

2013 年，在重点监测的 40 个城市中，东部 20 个城市二手房成交面积 12 467 万平方米，比上年增长 49.1%；中部 8 个城市二手房成交面积 2 988 万平方米，增长 44.7%；西部 12 个城市二手房成交面积 4 199 万平方米，增长 51%。除厦门外，39 个重点监测城市二手房成交面积全部增长，其中 3 个城市增幅超过 1 倍，分别为三亚成交 36 万平方米，增长 132.2%；乌鲁木齐成交 453 万平方米，增长 103.2%；呼和浩特成交 101 万平方米，增长 101.7%。

三、房地产信贷与开发资金来源情况

（一）房地产信贷运行与风险

2013 年，在国民经济稳中有进的宏观环境下，房地产市场持

---

① 本部分数据来自住房和城乡建设部 40 个重点城市房地产市场信息系统。

续回暖，房地产投资和商品房销售增长较快，但不同地区的房价走势有所分化。一线城市上涨幅度较大，二三线城市上涨相对平稳，有的三四线城市则出现了下跌情况。为了防止房地产价格过快上涨，国家对房地产市场以限购、限贷为核心的调控政策仍未松动，新"国五条"、保障房建设、房产税试点扩围等政策措施相继出台，不动产统一登记制度、房地产税立法等着眼于房地产长效调控机制的法律法规也已经启动。总体来看，房地产市场依然面临较大的宏观调控压力，房地产信贷增速有所回升，但资金依然偏紧，房地产信贷风险仍处于可控范围。

1. 房地产信贷运行基本情况

截至 2013 年 12 月末，全国金融机构房地产贷款余额为 14.61 万亿元，比年初新增 23 423.2 亿元，比上年末增长 19.1％，增幅同比提高 6.3 个百分点。分季度看，全年房地产贷款增速呈逐季上升趋势，3 月末同比增长 16.4％、6 月末为 18.1％、9 月末为 19.0％，12 月末提高到 19.1％。2013 年，房地产贷款增长快于金融机构人民币各项贷款增长。其中，3 月末房地产贷款增速比金融机构人民币贷款增速高 1.5 个百分点，上半年高 4.0 个百分点，9 月末高 4.9 个百分点，全年高 5.0 个百分点。12 月末，房地产贷款占金融机构人民币各项贷款的比重为 21.0％，同比提高 1.2 个百分点。从新增贷款看，2013 年房地产新增贷款占金融机构人民币新增贷款总额比重为 28.1％，同比提高 10.7 个百分点。

房地产贷款按照投向统计，可分为房地产开发贷款、购房贷款和证券化的房地产贷款三部分。

12 月末，房地产开发贷款 45 906.0 亿元，比年初新增 5 892.4 亿元，同比增长 14.7％，增幅同比提高 3.65 个百分点。其中，地产开发贷款 10 737.2 亿元，比年初增加 957.8 亿元，增长 9.8％；房产开发贷款 35 168.8 亿元，比年初增加 4 934.6 亿元，增长 16.3％。在房产开发贷款中，住房开发贷款 26 225.6 亿元，比年初增加 3 579.5 亿元，增长 15.8%。其中，保障性住房开发贷款 7 259.7 亿元，同比增长 26.7%。房地产开发贷款余额占房地产贷款的比重为 31.4%，比上年同期略降 0.6 个百分点。

12 月末，购房贷款余额为 100 168.8 亿元，比年初新增 17 531.4 亿元，同比增长 21.2%，增幅同比上升 7.52 个百分点。其中，企业购房贷款 2 139.1 亿元，比年初新增 531.4 亿元，增长 33.1%；机关团体购房贷款 3.4 亿元，比年初新增 0.4 亿元；个人购房贷款 98 026.3 亿元，比年初新增 16 999.5 亿元，同比增长 21.0%。个人购房贷款中，个人商业用房贷款 7 869.6 亿元，比年初新增 1 383.5 亿元，同比增长 21.3%；个人住房贷款 90 156.7 亿元，比年初新增 15 616.0 亿元，同比增长 21.0%。购房贷款余额占房地产贷款余额的比重为 68.6%，比上年同期提高 0.6 个百分点。

12 月末，证券化的房地产贷款余额为 13.6 亿元，比年初减少 0.6 亿元，同比下降 4.0%。

2. 对目前房地产信贷风险的基本判断

从房地产信贷规模和不良贷款率来判断，目前我国房地产信贷的风险仍处于可控范围内。首先，房地产贷款在金融机构贷款总额中占比并不是很高。2013 年末，全国房地产贷款余额占金融机构各项贷款余额的 21.0%；房地产开发贷款余额占金融机构各项贷款余额的 6.6%；个人购房贷款余额占金融机构各项贷款余额的 14.1%，占 2013 年 GDP 的 17.2%，这些比率大大低于美国发生金融危机时的水平。其次，我国房地产贷款不良率较低。根据银监会统计，我国房地产贷款不良率近年来一直呈现下降趋势。2008 年一季度末、二季度末、三季度末和四季度末房地产业不良贷款率分别为 5.12%、4.84%、4.81% 和 3.78%，2009 年分别为 3.26%、2.71%、2.39% 和 2.14%，2010 年分别为 1.75%、1.49%、1.42% 和 1.35%，2011 年分别为 1.18%、1.14%、

1.07％和1.02％，2012年分别为0.91％、0.86％、0.78％和0.95％。2013年前三季度，我国商业银行不良贷款率也一直低于1％的水平。

从贷款主体看，我国居民家庭的负债率不高，居民偿债能力较强。首先，我国居民长期的储蓄偏好，使居民家庭的负债率长期处于低水平。2013年末，个人新建房贷款余额为71 754.9亿元，占居民储蓄的比率为15.9％，负债率较低。其次，住房按揭贷款是我国居民贷款的主体，其他类型的消费信贷规模很小。到2013年12月末，个人短期消费贷款占个人消费贷款和个人全部贷款的比例分别为20.5％和13.4％，占2013年GDP的比重仅为4.7％。国际经验表明，在房价下跌过程中，个人按揭贷款违约率也会有所上升。由于我国居民负债水平较低，因此，即使房地产市场出现一定程度波动，对银行资产的安全性影响也不大。

从房地产开发企业到位资金看，目前房地产开发贷款违约风险较小。房地产开发企业实际到位资金受宏观调控政策影响明显，增速波动较大。2008年10月，受国际金融危机影响，房地产开发企业实际到位资金出现大幅下滑，于2009年1—2月下降到6.9％。随后在扩大投资的政策刺激下，从3月开始逐月回升，2010年1—2月，到位资金增速达到69.5％，随后逐渐从高位回落，2010年、2011年和2012年，房地产开发企业实际到位资金分别增长26.2％、17.5％和12.7％。2013年以来，房地产开发企业实际到位资金增速明显回升，一季度、上半年和前三季度增速分别为29.3％、32.1％和28.7％，全年增长26.5％。在房地产开发企业实际到位资金中，定金和预收款所占比重较高，2013年，该比重为28.2％，同比提高0.7个百分点，高于同期银行贷款比重14.1个百分点。此外，个人按揭贷款增长也在2009年1—3月开始由负转正，其在开发资金中的比重也从2008年的9.8％，回升到2009年的14.8％，2010年、2011年分别回落到13.1％、

10.1%，2012 年又回升到 10.9%，2013 年进一步回升到 11.5%。由于 2013 年部分城市房地产价格上涨较快，房地产市场的宏观调控政策没有出现松动的迹象，同时，2014 年中央银行继续实行稳健的货币政策，货币市场仍然会延续上年资金偏紧的状况，预计 2014 年个人按揭贷款以及定金和预收款的增长可能会有所放缓，从而导致开发商资金状况有所紧张，然而在短期内出现大面积贷款违约风险的可能性不大。

（二）房地产开发企业到位资金快速增长

2013 年，全国房地产开发企业到位资金 122 122 亿元，比上年增长 26.5%，增速比一季度回落 2.8 个百分点，比上半年回落 5.6 个百分点，比前三季度回落 2.2 个百分点，比 2012 年提高 13.8 个百分点。

1. 到位资金增速持续高于投资增速

2013 年，房地产开发企业到位资金增速一直高于同期房地产开发投资增速。分季度看，一季度到位资金增长 29.3%，增速高于房地产开发投资增速 9.1 个百分点；上半年增长 32.1%，高 11.8 个百分点；前三季度增长 28.7%，高 9.0 个百分点；全年增长 26.5%，高 6.7 个百分点（见图 2—8）。

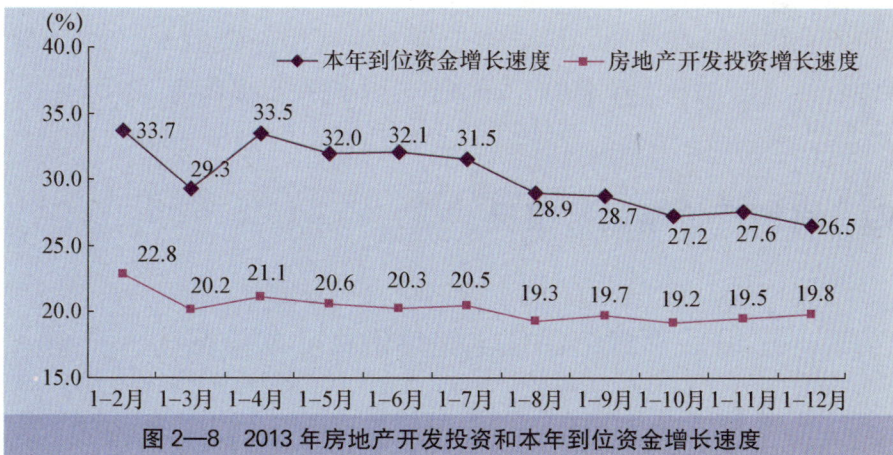

图 2—8　2013 年房地产开发投资和本年到位资金增长速度

2. 开发贷款高速增长

2013 年，房地产开发企业贷款 19 673 亿元，增长 33.1％，增速比 2012 年提高 19.9 个百分点。其中，银行贷款 17 165 亿元，增长 30.6％，增速提高 15.7 个百分点；非银行金融机构贷款 2 508 亿元，增长 53.1％，增速提高 52.2 个百分点。

3. 定金及预收款、个人按揭贷款增速从年初高位持续回落

2013 年，房地产开发企业定金及预收款高位开局，1—2 月增长 66.5％，为全年最高点，之后增速逐月回落，全年房地产开发企业定金及预收款 34 499 亿元，增长 29.9％，增速比 2012 年提高 11.7 个百分点；1—2 月个人按揭贷款增长 58.8％，之后增速逐步提高，1—4 月增长 67.8％，为全年最高点，5 月开始增速逐月回落，全年房地产开发企业个人按揭贷款 14 033 亿元，增长 33.3％，增速比 2012 年提高 12.0 个百分点。

4. 自筹资金较快增长

2013 年，房地产开发企业自筹资金 47 425 亿元，增长 21.3％，增速比 2012 年提高 9.7 个百分点。年内增速整体呈上升态势，由 1—3 月的 13.6％提高到全年的 21.3％。

5. 利用外资由降转升

2013 年，房地产开发企业利用外资 534 亿元，增长 32.8％，2012 年为下降 48.8％。从全年走势看，利用外资由 1—2 月下降 18.4％，转为 1—3 月增长 13.6％，全年进一步提高为 32.8％。

四、房地产价格运行情况

（一）10 月新建商品住宅销售价格变动情况

与上月相比，70 个大中城市中，价格下降的城市有 2 个，持平的城市有 3 个，上涨的城市有 65 个。环比价格变动中，最高涨幅为 1.3％，最低为下降 0.1％。

与上年同月相比，70 个大中城市中，价格下降的城市有 1 个，上涨的城市有 69 个。10 月，同比价格变动中，最高涨幅为 21.4％，最低为下降 1.5％。

（二）11 月新建商品住宅销售价格变动情况

与上月相比，70 个大中城市中，价格下降的城市有 1 个，持平的城市有 3 个，上涨的城市有 66 个。环比价格变动中，最高涨幅为 1.3％，最低为下降 0.5％。

与上年同月相比，70 个大中城市中，价格下降的城市有 1 个，上涨的城市有 69 个。11 月，同比价格变动中，最高涨幅为 21.9％，最低为下降 1.2％。

（三）12 月新建商品住宅销售价格变动情况

与上月相比，70 个大中城市中，价格下降的城市有 2 个，持平的城市有 3 个，上涨的城市有 65 个。环比价格变动中，最高涨幅为 1.1％，最低为下降 1.7％。

与上年同月相比，70 个大中城市中，价格下降的城市有 1 个，上涨的城市有 69 个。12 月，同比价格变动中，最高涨幅为 21.9％，最低为下降 2.8％。

五、房地产开发景气指数

2013 年，房地产开发景气指数仍处于景气线以下，但与 2012

年相比明显好转，除10月和11月以外，其他各月均在97～98点之间，12月房地产开发景气指数为97.21点，比2012年12月提高1.62点（见图2—9）。

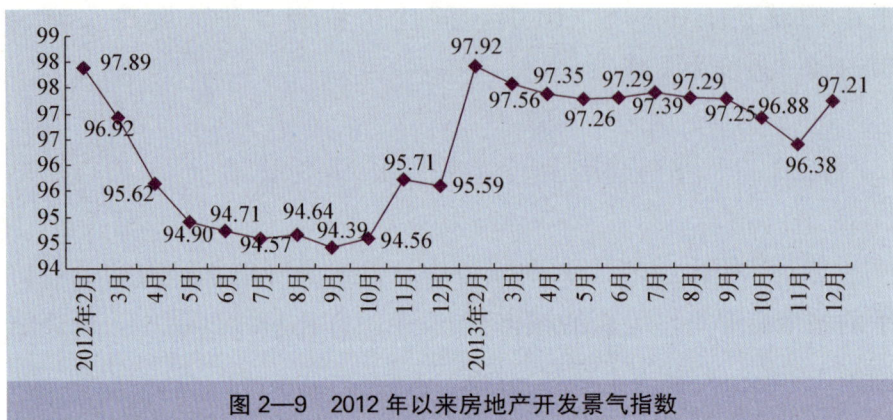

图 2—9　2012 年以来房地产开发景气指数

第三部分

2013 年重点城市*
房地产市场运行报告

* 重点城市包括：一线城市：北京、上海、广州、深圳；25 个省会城市和 2 个直辖市：天津、石家庄、太原、呼和浩特、沈阳、长春、哈尔滨、南京、杭州、合肥、福州、南昌、济南、郑州、武汉、长沙、南宁、海口、重庆、成都、贵阳、昆明、西安、兰州、西宁、银川、乌鲁木齐；9 个非省会城市：大连、无锡、苏州、宁波、温州、厦门、青岛、北海、三亚。

一、房地产开发投资平稳增长，增速低于全国平均水平

2013 年，40 个重点城市房地产开发投资 45 566 亿元，比上年增长 16.7%，增速比 2012 年回落 0.4 个百分点，比同期全国增速低 3.1 个百分点。

分季度看，一季度、上半年、前三季度和全年，重点城市房地产开发投资分别增长 20.5%、17.9%、17.4% 和 16.7%（见图 3—1），增速呈逐季回落走势。自 1—4 月起，重点城市投资增速低于全国水平，2012 年为高于全国水平。

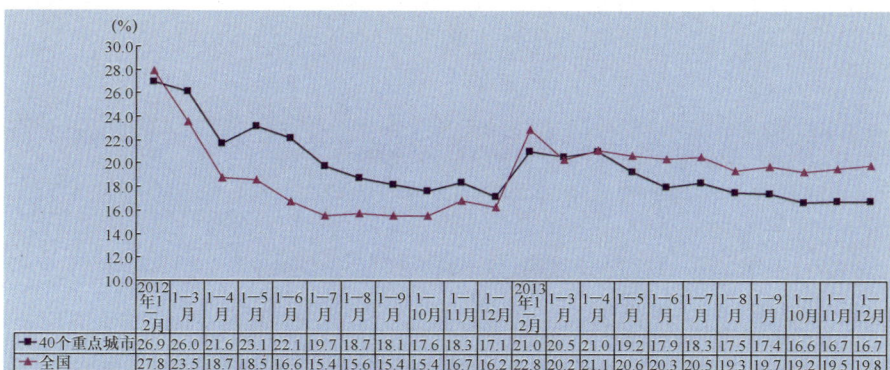

	2012年1—2月	1—3月	1—4月	1—5月	1—6月	1—7月	1—8月	1—9月	1—10月	1—11月	1—12月	2013年1—2月	1—3月	1—4月	1—5月	1—6月	1—7月	1—8月	1—9月	1—10月	1—11月	1—12月
40个重点城市	26.9	26.0	21.6	23.1	22.1	19.7	18.7	18.1	17.6	18.3	17.1	21.0	20.5	21.0	19.2	17.9	18.3	17.5	17.4	16.6	16.7	16.7
全国	27.8	23.5	18.7	18.5	16.6	15.4	15.6	15.4	15.4	16.7	16.2	22.8	20.2	21.1	20.6	20.3	20.5	19.3	19.7	19.2	19.5	19.8

图 3—1 2012 年以来全国及 40 个重点城市房地产开发投资增长速度

4 个一线城市中，除深圳房地产开发投资增速回落外，其他城市增速均提高。2013 年，北京房地产开发投资 3 483 亿元，增长 10.5%，增速比 2012 年提高 6.6 个百分点；上海投资 2 820 亿元，增长 18.4%，增速提高 12.7 个百分点；广州投资 1 572 亿元，增长 14.7%，增速提高 9.7 个百分点；深圳投资 877 亿元，增长 19.0%，增速回落 24.1 个百分点。

25 个省会城市和 2 个直辖市中，16 个城市房地产开发投资增速比 2012 年回落，9 个城市增速提高，1 个城市降幅扩大，1 个城

市增速由负转正。其中，投资增速回落幅度最大的三个城市为：贵阳增长 8.5%，增速回落 87.2 个百分点；哈尔滨增长 8.7%，增速回落 29.6 个百分点；杭州增长 16.0%，增速回落 17.2 个百分点。投资增速提高幅度最大的三个城市为：福州增长 30.1%，增速提高 29.2 个百分点；海口增长 46.0%，增速提高 24.6 个百分点；合肥增长 21.0%，增速提高 18.3 个百分点。长春投资下降 5.8%，降幅扩大 3.3 个百分点。南宁投资增长 14.8%，2012 年为下降 7.6%。

9 个非省会城市中，5 个城市增速回落，3 个城市增速提高，1 个城市增速由正转负。其中，投资增速回落幅度最大的厦门增长 2.5%，增速回落 15.9 个百分点；投资增速提高幅度最大的苏州增长 11.9%，增速提高 6.5 个百分点；北海投资下降 3.5%，2012 年为增长 30.1%。

二、新开工面积由降转升，增速高于全国平均水平

2013 年，40 个重点城市房地产开发企业房屋新开工面积 7.7 亿平方米，比上年增长 13.8%，2012 年为下降 8.3%，增速比同期全国增速高 0.3 个百分点。

分季度看，一季度、上半年、前三季度和全年，重点城市新开工面积分别下降 0.4%、增长 6.0%、增长 10.7% 和增长 13.8%，增速呈逐季回升态势。各月重点城市新开工面积增速均高于全国水平（见图 3—2）。

4 个一线城市中，除上海外，其他城市新开工面积均比上年增长。2013 年，北京新开工面积 3 578 万平方米，增长 11.0%，2012 年为下降 24.1%；广州新开工面积 2 145 万平方米，增长 38.0%，2012 年为下降 26.7%；深圳新开工面积 1 366 万平方米，增长 50.9%，增速比 2012 年回落 17.4 个百分点；上海新开工面

积 2 706 万平方米，下降 0.7％，降幅收窄 26.2 个百分点。

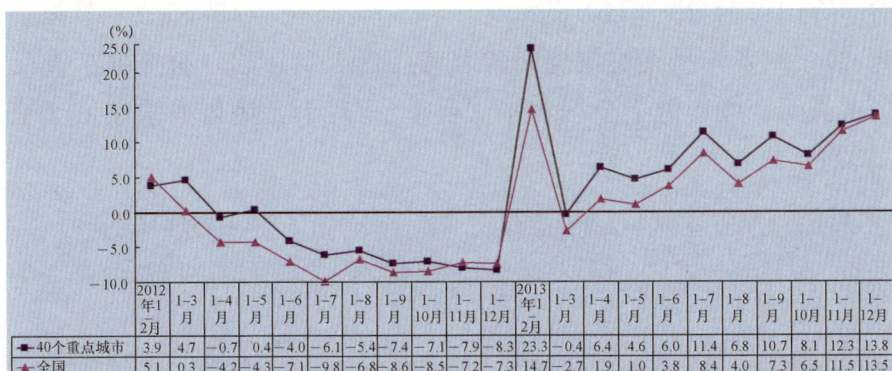

(%)	2012年1-2月	1-3月	1-4月	1-5月	1-6月	1-7月	1-8月	1-9月	1-10月	1-11月	1-12月	2013年1-2月	1-3月	1-4月	1-5月	1-6月	1-7月	1-8月	1-9月	1-10月	1-11月	1-12月
40个重点城市	3.9	4.7	-0.7	0.4	-4.0	-6.1	-5.4	-7.4	-7.1	-7.9	-8.3	23.3	-0.4	6.4	4.6	6.0	11.4	6.8	10.7	8.1	12.3	13.8
全国	5.1	0.3	-4.3	-7.1	-9.4	-6.8	-8.6	-5.5	-7.2	-7.4	-7.2	14.7	-2.7	1.9	1.0	8.3	8.4	4.0	7.3	6.5	11.5	13.5

图 3—2　2012 年以来全国及 40 个重点城市房屋新开工面积增长速度

25 个省会城市和 2 个直辖市中，20 个城市新开工面积增长，7 个城市下降。其中，新开工面积增速最高的三个城市为：长沙增长 53.2％，合肥增长 48.5％，乌鲁木齐增长 41.6％。新开工面积降幅最大的三个城市为：太原下降 17.1％，哈尔滨下降 15.0％，兰州下降 12.3％。

9 个非省会城市中，5 个城市新开工面积增长，4 个城市下降。其中，新开工面积增速最高的苏州增长 36.7％，增速比 2012 年提高 36.2 个百分点；新开工面积降幅最大的北海下降 24.8％，降幅扩大 15.6 个百分点。

三、商品房销售面积平稳增长，增速低于全国平均水平

2013 年，40 个重点城市商品房销售面积 49 090 万平方米，比上年增长 14.9％，增速比 2012 年提高 6.6 个百分点，低于同期全国增速 2.4 个百分点；销售额 43 752 亿元，增长 24.4％，增速提高 8.9 个百分点，低于同期全国增速 1.9 个百分点。

分季度看，一季度、上半年、前三季度和全年，40 个重点城

市商品房销售面积分别增长 42.4％、28.1％、19.7％和 14.9％；商品房销售额分别增长 73.7％、44.3％、31.9％和 24.4％（见图3—3）。两者均呈逐季快速回落态势。自上半年起，重点城市商品房销售面积增速低于全国水平，自 1—7 月起，销售额增速低于全国水平。

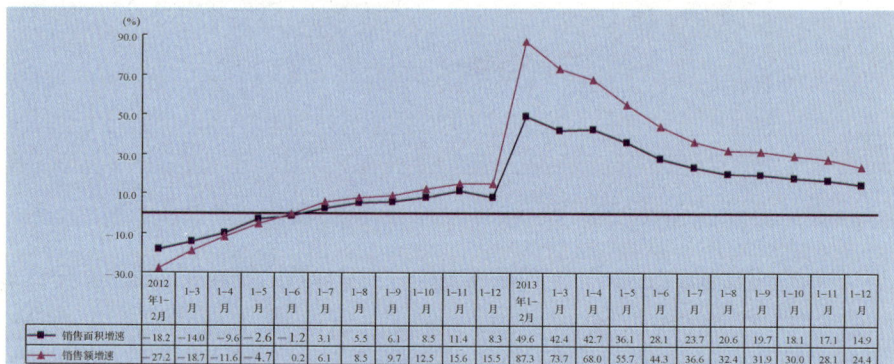

图 3—3　2012 年以来重点城市商品房销售面积、销售额增长速度

4 个一线城市中，北京商品房销售面积下降，上海、广州快速增长，深圳平稳增长。2013 年，北京销售面积 1 903 万平方米，下降 2.1％，2012 年为增长 35.1％；上海销售面积 2382 万平方米，增长 25.5％，增速比 2012 年提高 19.5 个百分点；广州销售面积 1 700 万平方米，增长 27.5％，增速提高 15.9 个百分点；深圳销售面积 589 万平方米，增长 11.9％，增速提高 6.1 个百分点。

25 个省会城市和 2 个直辖市中，24 个城市商品房销售面积增长，3 个城市下降。其中，商品房销售面积增长最快的三个城市为：西宁增长 56.9％，福州增长 49.3％，乌鲁木齐增长 44.1％；销售面积下降的三个城市为：呼和浩特下降 12.1％，沈阳下降 8.4％，长春下降 6.7％。

9 个非省会城市中，8 个城市商品房销售面积增长，1 个城市下降。其中，商品房销售面积增长最快的三个城市为：温州增长 72.4％，北海增长 33.4％，苏州增长 27.9％。无锡销售面积下降 1.9％。

四、到位资金加快增长，增速低于全国平均水平

2013 年，40 个重点城市房地产开发企业到位资金 69 231 亿元，比上年增长 23.9%，增速比 2012 年提高 10.1 个百分点，比同期全国增速低 2.6 个百分点。其中，国内贷款增长 31.3%，增速提高 18.4 个百分点；利用外资增长 31.1%，2012 年为下降 53.8%；自筹资金增长 18.3%，增速提高 4.1 个百分点；其他资金中的定金及预收款增长 25.5%，增速提高 5.3 个百分点；个人按揭贷款增长 33.0%，增速提高 9.6 个百分点。2013 年 40 个重点城市到位资金各来源构成见图 3—4。

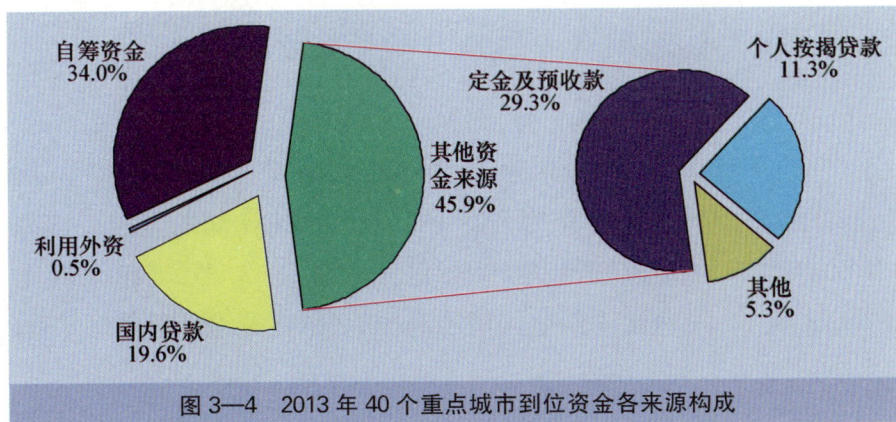

图 3—4　2013 年 40 个重点城市到位资金各来源构成

4 个一线城市除深圳外到位资金增速均有提高。2013 年，北京到位资金增长 20.0%，增速比 2012 年提高 6.4 个百分点；上海到位资金增长 28.3%，增速提高 13.1 个百分点；广州到位资金增长 22.4%，增速提高 7.8 个百分点；深圳到位资金增长 41.6%，增速回落 3.9 个百分点。

25 个省会城市和 2 个直辖市中，18 个城市到位资金增速比 2012 年提高，9 个城市增速回落。其中，到位资金增速提高幅度

最大的三个城市为：太原到位资金增长 36.2%，2012 年为下降 0.9%；贵阳到位资金增长 41.1%，增速提高 34.4 个百分点；合肥到位资金增长 34.6%，增速提高 30.6 个百分点。到位资金增速回落幅度最大的三个城市为：海口到位资金增长 15.7%，增速回落 89.5 个百分点；西宁到位资金增长 4.1%，增速回落 57.6 个百分点；南昌到位资金增长 17.6%，增速回落 24.5 个百分点。

9 个非省会城市中，7 个城市到位资金增速比 2012 年提高，2 个城市增速回落。其中，到位资金增速提高幅度最大的宁波增长 61.7%，增速提高 52.4 个百分点；到位资金增速回落幅度最大的无锡增长 16.0%，增速回落 7.3 个百分点。

五、土地购置面积和土地成交价款转为正增长

2013 年，40 个重点城市本年土地购置面积 1.4 亿平方米，比上年增长 19.8%，2012 年为下降 19.4%，增速比同期全国增速高 11 个百分点；土地成交价款 5 462 亿元，增长 53.4%，2012 年为下降 25.6%，增速比同期全国增速高 19.5 个百分点（见图 3—5）。

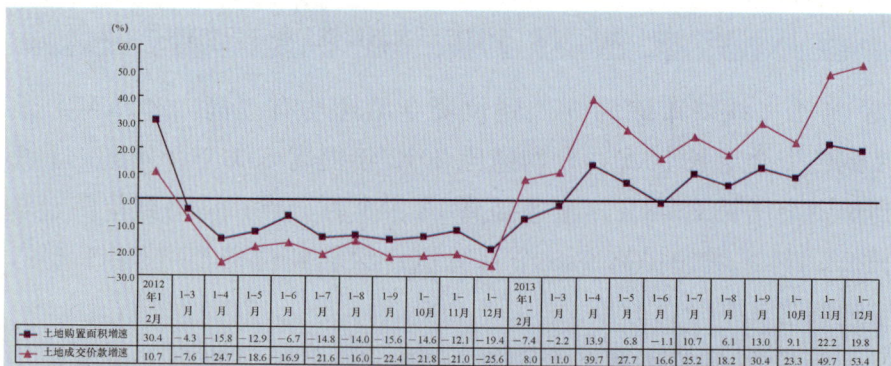

	2012年1-2月	1-3月	1-4月	1-5月	1-6月	1-7月	1-8月	1-9月	1-10月	1-11月	1-12月	2013年1-2月	1-3月	1-4月	1-5月	1-6月	1-7月	1-8月	1-9月	1-10月	1-11月	1-12月
土地购置面积增速	30.4	-4.3	-15.8	-12.9	-6.7	-14.8	-14.0	-15.6	-14.6	-12.1	-19.4	-7.4	-2.2	13.9	6.8	-1.1	10.7	6.1	13.0	9.1	22.2	19.8
土地成交价款增速	10.7	-7.6	-24.7	-18.6	16.9	-21.6	-16.0	-22.4	-21.8	-21.0	-25.6	8.0	11.0	39.7	27.7	16.6	25.2	18.2	30.4	23.3	49.7	53.4

图 3—5 2012 年以来 40 个重点城市土地购置面积、土地成交价款增长速度

4 个一线城市土地购置面积均快速增长。2013 年，北京土地购置面积 906 万平方米，比上年增长 1.96 倍，2012 年为下降 39.7%；上海土地购置面积 422 万平方米，增长 40.3%，2012 年为下降 52.8%；广州土地购置面积 182 万平方米，增长 27.4%，2012 年为下降 57.8%；深圳土地购置面积 135 万平方米，增长 38.6%，增速比 2012 年回落 109.1 个百分点。

25 个省会城市和 2 个直辖市中，16 个城市土地购置面积增长，11 个城市下降。其中，土地购置面积增速最快的三个城市为：兰州增长 1.64 倍，乌鲁木齐增长 1.18 倍，贵阳增长 1.15 倍。土地购置面积降幅最大的三个城市为：西宁下降 80.4%，石家庄下降 69.7%，海口下降 59.2%。

9 个非省会城市中，5 个城市土地购置面积增长，4 个城市下降。其中，土地购置面积增速最高的宁波增长 3.19 倍，2012 年为下降 74.0%；土地购置面积降幅最大的三亚下降 78.9%，2012 年为增长 4.47 倍。

城市篇

◉ 北京

2013 年房地产市场运行情况

2013 年，在政府宏观政策调控及市场自身运行特点的双重因素作用下，北京市房地产市场出现较大波动，供需矛盾突出，房价上涨压力持续加大。进入三季度后，受纯商品住房新开工项目增多的影响，供给市场各项指标出现好转，10 月"京七条"和自住型商品住房的推出，为稳定市场预期、平抑房地产价格起到了良好的促进作用。商服地产①市场保持平稳发展态势，销量旺盛。房地产开发投资呈低位、波动运行态势，三季度起受销售市场持续增长及预期向好影响，开发投资逐渐回升，全年房地产开发企业完成投资 3 483.4 亿元，比上年增长 10.5％。民间资本进入房地产领域的速度加快，全年房地产民间投资达 1 765.2 亿元，增长 21.3％。

一、房地产市场运行结构特征

（一）住宅市场运行情况

1. 受纯商品住宅投资持续增长拉动，北京市住宅投资由降转增

2013 年，全市房地产开发企业完成商品住宅投资 1 724.6 亿元，由 2012 年的下降 8.5％转为增长 5.9％（见图 3—6）。其中，保障性住宅完成投资 561.5 亿元，下降 11.1％，2012 年为增长 6.3％；纯商品住宅完成 1 163.1 亿元，由 2012 年的下降 15.8％转为增长 16.7％。

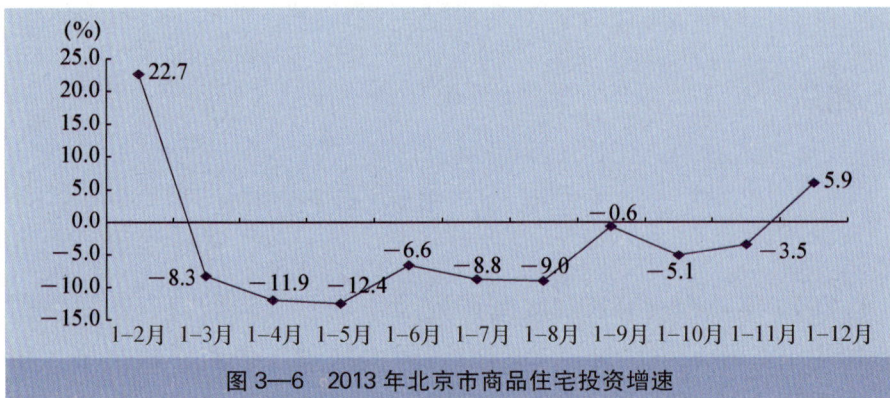

图 3—6　2013 年北京市商品住宅投资增速

---

① 商服地产：指房地产中除住宅之外的各类房地产投资，包括写字楼（办公楼）、厂房、仓库、商业营业用房、服务业用房、教育用房、文化体育用房、医疗用房、科研用房及其他用房。

2. 新开工项目增多，9 月起住宅供给先行指标持续向好，尤其是新开工面积指标较 2012 年明显好转

从项目新开工个数看，三、四季度新开工建设房地产项目 125 个，比上半年增长 17.9%。从开发面积看，截至 2013 年末，全市房地产开发施工面积 13 886.9 万平方米，比上年增长 5.8%，其中住宅施工面积 7 406.9 万平方米，下降 1.4%，降幅比上半年缩小 2.7 个百分点。

2013 年，北京市房屋新开工面积 3 577.5 万平方米，比上年增长 11.0%，其中住宅新开工面积 1 736.5 万平方米，由上半年的下降 9.5%转为增长 6.7%，2012 年为下降 37.3%。纯商品住宅新开工面积增长 20.0%，2012 年为下降 34.5%。住宅竣工面积 1 692 万平方米，增长 11.1%。

3. 保障性住房建设低于 2012 年水平

截至 2013 年，北京市保障性住宅施工面积 3 797.2 万平方米，下降 0.7%，2012 年为增长 16.8%；新开工面积 787.6 万平方米，下降 5.9%，降幅比 2012 年缩小 33.9 个百分点；竣工面积 879.4 万平方米，增长 37.4%，增速回落 24.9 个百分点（见表 3—1）。

表 3—1　　　　　2012—2013 年北京市住宅市场供给指标情况

指标		2013 年（万平方米）	增长（%）	2012 年增速（%）	增速提高（百分点）
施工面积	住宅	7 406.9	−1.4	4.8	−6.2
	保障性住宅	3 797.2	−0.7	16.8	−17.5
	纯商品住宅	3 609.7	−2.1	−5.3	3.2
新开工面积	住宅	1 736.5	6.7	−37.3	44.0
	保障性住宅	787.6	−5.9	−39.8	33.9
	纯商品住宅	948.9	20.0	−34.5	54.5
竣工面积	住宅	1 692.0	11.1	15.7	−4.6
	保障性住宅	879.4	37.4	62.3	−24.9
	纯商品住宅	812.6	−8.0	−4.2	−3.8

4. 房地产销售市场总体趋势呈波动状态，全年销量基本保持 2013 年水平

2013 年，北京市商品房销售市场受限购、限价等调控政策影响显著，其中尤以新"国五条"和"京七条"出台前后波动最为显著，全年轨迹呈"W"状运行，年末两月在保障性住房销量占三成以上和年末纯商品住房项目入市增加的拉动作用下，销量好于预期。2013 年，商品房销售面积 1 903.1 万平方米，比 2012 年减少 40 万平方米，微降 2.1％。其中，住宅销售面积 1 363.7 万平方米，下降 8.1％。住宅销售中，纯商品住宅和保障性住宅分别销售 945.6 万平方米和 418.1 万平方米，分别比上年下降 8.7％和 6.5％。2013 年北京市商品房月度销售情况见图 3—7。

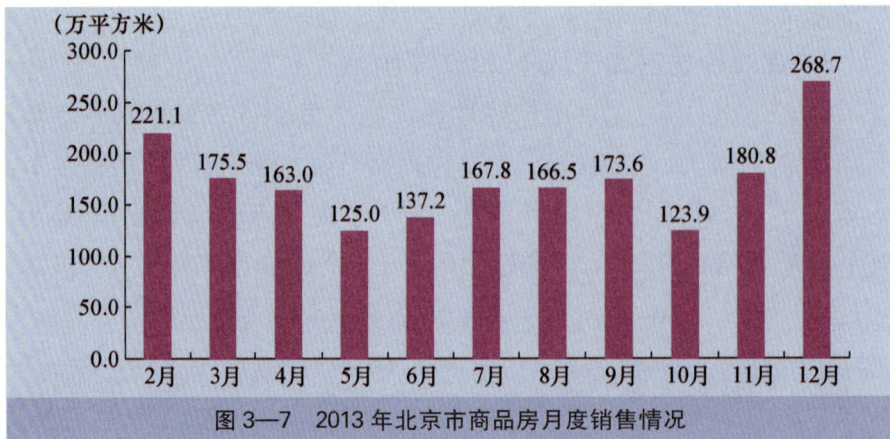

（万平方米）

月份	销售面积
2月	221.1
3月	175.5
4月	163.0
5月	125.0
6月	137.2
7月	167.8
8月	166.5
9月	173.6
10月	123.9
11月	180.8
12月	268.7

图 3—7　2013 年北京市商品房月度销售情况

5. 土地交易市场供需两旺，住宅供地计划超额完成

2013 年，北京市土地交易市场持续火热，据北京市国土局数据显示，全年土地交易市场共成交地块 223 宗，2 118.6 公顷，交易总额达 1 853 亿元，分别比上年增长 32.0％、58.1％和 1.8 倍。住宅用地供应面积大幅增加，达 1 783 公顷，增长 52.7％，超额完成全年计划 133 公顷。开发企业拿地热情高涨，部分企业从三、四线城市撤回，恒大集团等首次进京拿地。11 月后，集中成交多宗自住型商品住房用地，如朝阳区东坝、高井、来广营等，累计供应量已突破 200 万平方米。

6. 市场预期向好，房地产开发到位资金充裕

2013 年，在土地交易市场活跃、商品房销售量增价涨的带动下，房地产开发市场预期不断向好。据北京市企业景气调查显示，2013 年四季度，房地产企业家信心指数和景气指数分别为 114.3 和 125.8，分别比 2012 年同期增加 4.8 个点和 8.2 个点。银行贷款、企业自筹资金和定金及预收款等持续增长拉动全市房地产开发本年实际到位资金不断充裕，2013 年全年为 7 300.2 亿元，在 2012 年增长 13.6% 的基础上再增长 20%。资金四大来源全面增长，国内贷款、利用外资、自筹资金和其他资金比上年分别增长 23.7%、1.7 倍、32.7% 和 11.1%。

（二）商服地产市场运行情况

据调查，进入 2013 年三季度后，受住宅销售市场持续增长和预期向好影响，开发企业逐渐将更多资金投向商品住宅，商服地产投资有减少趋势。

1. 商服地产投资增速波动下行

2013 年，北京市房地产开发企业完成商服地产投资 1 758.8 亿元，比上年增长 15.3%，增速比 2012 年回落 6 个百分点，比上半年回落 6.4 个百分点。

从商服地产用途看，写字楼（办公楼）依然增长最快，2013 年，完成投资 611.7 亿元，增长 59.0%，增速比 2012 年大幅提高 53.2 个百分点；商业、非公益用房及其他完成 1 147.1 亿元，增长 0.6%，增速回落 27 个百分点。

2. 商服地产供给指标良好，销售面积逆市增长

截至 2013 年末，北京市商服地产施工面积 6 480 万平方米，增长 15.5%。其中，新开工面积 1 841 万平方米，由 2012 年的下降 3.2％转为增长 15.3％；竣工面积 974.4 万平方米，由 2012 年的下降 6.6％转为增长 12.2％。与住宅销售面积由增转降相反，商服地产销售面积增长加快，全年共销售 539.4 万平方米，增长 17.2％，增速比 2012 年提高 3.5 个百分点（见表 3—2），高于商品住宅增速 25.3 个百分点。据调查，不限购商住两用项目走俏，如丰台区中体奥林匹克花园、园博园等商业项目均成为抢购热点。

表 3—2　　　2012—2013 年北京市商服地产供给和销售增长情况

指标	2012 年增速（％）	2013 年增速（％）	增速提高（百分点）
施工面积	14.6	15.5	0.9
新开工面积	−3.2	15.3	18.5
竣工面积	−6.6	12.2	18.8
销售面积	13.7	17.2	3.5

2013 年北京市商服地产投资增速见图 3—8。

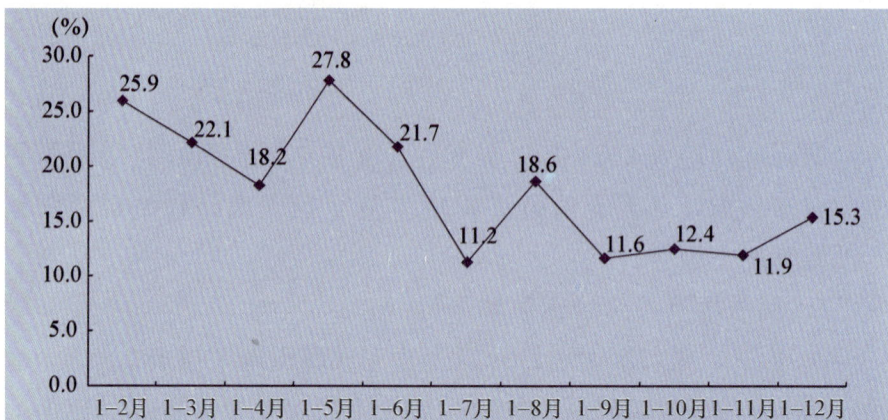

图 3—8　2013 年北京市商服地产投资增速

二、宏观调控政策的影响

（一）"京七条"调控升级，四季度北京市新建商品住宅价格环比与同比涨幅均不断回落

2013 年 2 月 20 日，国务院出台新"国五条"，3 月 1 日，北

京市出台新"国五条"实施细则，但房价上涨趋势未能扭转，尤其是自 6 月后，地价上涨导致房价上涨压力进一步加大。针对房价上涨预期加强、调控压力加大的现状，10 月，北京市发布七条强化措施（简称"京七条"）着力"稳房价"，全面升级和强化既定政策的执行，具体包括组建限购监督委员会、严格资金监管、强化价格引导、进一步严格差别化住房信贷政策的执行、切实增加供应、加强市场监管和加强市场信息公开七条措施。政策向全社会传达了政府"稳房价"的坚定决心，取得了较好的舆论反响。

数据显示，四季度以来北京市新建住宅价格环比、同比涨幅均不断回落，12 月，新建商品住宅价格环比上涨 0.6%，比 2013 年涨幅最高的 2 月（上涨 3.1%）回落 2.5 个百分点，与上海持平；同比上涨 20.6%，低于上海 1.3 个百分点。

（二）自住型商品住房的创新推出，为刚需购房者带来希望，并对二手房市场造成一定冲击

2013 年 10 月，北京市正式发布《关于加快中低价位自住型改善型商品住房建设的意见》，面向符合限购条件的家庭，采取"限房价、竞地价"等方式供地，套型建筑面积以 90 平方米及以下为主，销售均价比同地段、同品质商品住房低 30%左右，着力解决广大居民自住型改善型购房需求。11 月 30 日，首个自住房项目——恒大朝阳豆各庄御景湾正式接受购房申请后，登记人数达到近 15 万户。

自住型商品住房的创新推出，对稳定市场预期、有效降低房地产交易价格起到了切实作用。据调查，自住房对北京市尤其是项目周边区域的影响较大，许多刚需购房者均参与了摇号，一定程度上分解市场需求，二手房市场再现观望情绪，成交量不断回落，12 月比 11 月回落 8.9%，部分着急出手的业主甚至主动降价

以便促成交易。2014 年北京市还将继续加大自住房供应，比例占新增商品住房供应的 50%，自住房对房地产市场的影响将持续加大。

三、当前房地产市场需关注的问题

（一）保障性住房投资下降较多

2013 年，北京市保障性住房建设进程缓慢，除公租（廉租）房投资增长较快以外，经济适用房、限价房和定向安置房投资均呈下降状态，其中定向安置房受区县融资困难及群众对获得的拆迁补偿期望值过高等因素影响，拆迁工作难度加大，如建国门 CBD 社区、丰台长辛店村棚户区改造等项目难以按时正常开展，定向安置房投资下降幅度较大，全年完成 494 亿元，比上年下降 16.7%，影响保障房投资下降幅度较大。

（二）供需矛盾依旧突出

受建设部门加强对预售项目限价影响，北京市可供销售住房套数自 2013 年初以来持续下降。据北京市住建委数据显示，截至 12 月末，可供销售住房套数仅为 5.8 万套，其中纯商品住房（扣除经济适用房和限价房）仅 3.4 万套，为年内库存最低纪录，也是自 2012 年 3 月以来的最低点。从成交数据看，2013 年新建住房共成交 11.9 万套，其中纯商品住房成交 9 万套，且首次购房比重持续在 9 成以上，刚性需求的不断增长使供需矛盾日益突出。

（撰稿人：李贝贝）

◉ 天津

2013 年房地产市场运行情况

2013 年，天津房地产开发投资稳步增长，结构逐渐调整，保障性住房建设步伐加快。随着新"国五条"带来的刚性需求的释放，带动销售市场回暖，市场供求总量基本保持平衡，城镇化进程进一步加快促使住宅成交量稳步上升，房地产市场总体继续保持平稳增长态势。

一、房地产市场运行特点

（一）房地产开发投资平稳增长，住宅投资拉动作用明显

2013 年，天津完成房地产开发投资 1 480.82 亿元，增长 17.5%，增幅较三季度回落 0.6 个百分点，占全市城镇固定资产投资比重为 15.5%。从工程用途看，2013 年全市完成住宅投资 986.28 亿元，增长 17.0%，拉动全市房地产投资增长 11.4 个百分点。此外，非住宅投资完成 494.54 亿元，增长 18.6%。从投资构成上看，2013 年，天津房地产市场建安工程投资 1 066.86 亿元，增长 21.0%，比开发投资增速高 3.5 个百分点，占比为 72.0%，较 2012 年提高 2.0 个百分点，拉动全市开发投资增长 14.7 个百分点；设备工器具购置 13.32 亿元，增长 47.5%；其他费用 400.64 亿元，增长 8.6%。

2013 年天津市房地产开发投资构成情况见图 3—9。

（二）促开工效果明显，施工建设规模不断扩大

2013 年，全市房屋施工面积为 10 892.17 万平方米，增长 10.4%。

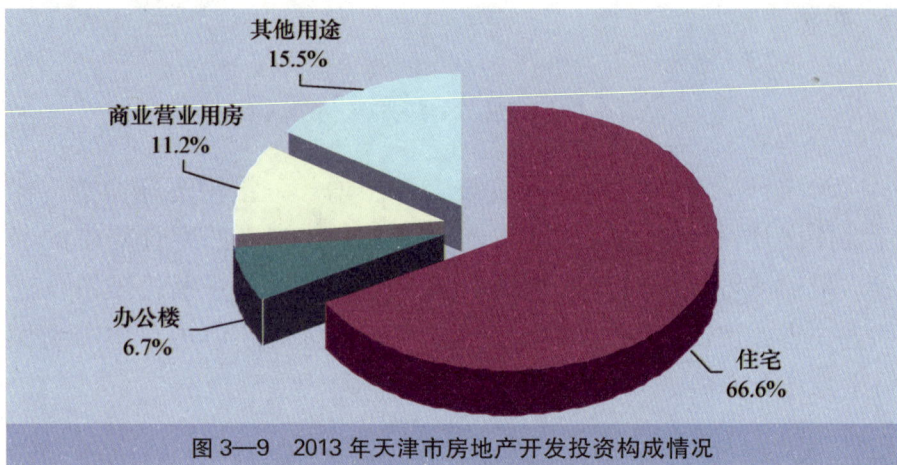

图3—9 2013年天津市房地产开发投资构成情况

其中，住宅施工 7 562.48 万平方米，增长 9.2%。新开工面积 2 672.93 万平方米，增长 4.2%。其中，住宅新开工 1 744.85 万平方米，下降 1.1%。竣工面积 2 805.37 万平方米，增长 10.3%。其中，住宅竣工 2 117.66 万平方米，增长 10.6%。

从地域分布情况来看，新开工面积增速较高的地区是两县两区（宁河、西青、蓟县、宝坻），增幅分别是 5.6 倍、2.9 倍、2.9 倍和 1.1 倍，由此可见郊县地区有较大的开发潜力。

（三）商品房销售市场保持平稳增长态势，增速有所回落

随着新"国五条"的逐步落地，天津市房地产市场更趋理性，房地产销售市场逐步回归平稳增长态势，增速继续回落。2013年，全市商品房销售面积 1 847.11 万平方米，增长 11.2%，增速较一季度、上半年、前三季度分别回落 16.8 个、5.0 个和 1.0 个百分点（见图 3—10），其中住宅销售面积 1 720.34 万平方米，增长 13.8%，增速较一季度、上半年、前三季度分别回落 37.1 个、13.8 个和 1.6 个百分点。从分区域情况来看，商品房销售面积增速排名前五的区县分别是红桥、河西、南开、武清和静海，增幅分别高达 2.4 倍、2.3 倍、1.1 倍、1.0 倍和 70.7%。交通状况是

否通畅，公共设施和配套设施是否完善，学校、医院、商业网点是否密集仍是决定居民购房的首选要素。同时，随着城市建设的不断完善，城镇化建设的逐步深化，地铁网线的持续延伸扩大，以及居民对居住空气质量和环境的逐渐重视，市中心以外地区如宁河、蓟县、津南、滨海县区等逐渐成为新的潜在销售增长点。

图 3—10　2013 年天津市商品房销售面积增长情况

从户型结构上看，户型在 144 平方米以下的普通新建商品住宅的销售比重达到 88.8%，其中尤以 90 平方米及以下的中小户型最受购房者青睐。2013 年，90 平方米及以下住宅销售面积 649.60 万平方米，比上年增长 48.6%，高于全市商品房销售增幅 37.4 个百分点，占全市住宅销售面积的 37.8%，分析其原因主要是轨道交通建设和房屋征收以及天津市城镇化和保障性住房建设进程的不断加快，带动了大量小户型刚性需求的产生。据天津市国土资源管理局数据显示，2013 年天津市保障性安居工程新开工项目达到 8.1 万套，已竣工项目 7.7 万套。

（四）开发企业资金回笼速度加快，资金到位情况良好

2013 年初，天津市商品房销售市场呈现逐步回暖态势，随着住宅

成交量的进一步上升，开发商的资金回笼情况良好，开发到位资金平稳增长，增速保持高位。2013 年，全市实际到位资金合计（包括上年末结余资金）为 3 572.33 亿元，增长 19.9％，高于投资增速 2.4 个百分点（见图 3—11）。其中，国内贷款 765.22 亿元，增长 34.2％，增速较 2012 年提高 24.8 个百分点；自筹资金和其他资金来源分别增长 7.3％和 46.9％。

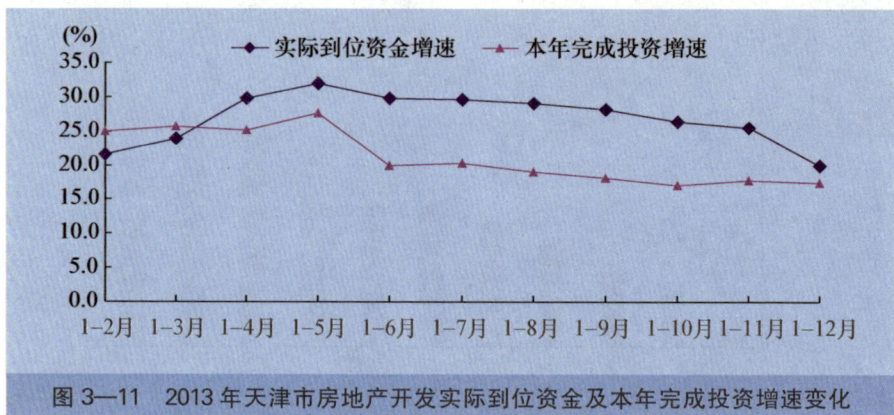

图 3—11　2013 年天津市房地产开发实际到位资金及本年完成投资增速变化

二、2014 年房地产市场初步展望

　　2013 年以来，面对世界经济复苏明显放缓和国内经济下行压力加大的严峻形势，在党中央、国务院的正确领导下，天津市各部门坚持以科学发展为主题、以加快转变经济发展方式为主线，按照稳中求进的工作总基调，根据经济形势发展变化，加强和改善宏观调控，着力稳增长、调结构、抓改革、惠民生。天津市经济趋于稳定，积极因素进一步增多，经济社会发展任务较好完成。2014 年，天津市仍处于可以大有作为的重要战略机遇期，经济社会发展具备很多有利条件和积极因素，投产达产项目不断增加，产业工人对住房需求日益增多，以小城镇建设为龙头的"三区"联动发展战略，将加快城乡一体化发展，为住房市场带来大量刚

性需求。同时随着居住证政策的实施将进一步加大流动人口的快速增长，增加住房市场需求。加快服务业发展战略和科技小巨人亿元楼宇政策将带动商业地产的快速发展，商业和办公用房的需求量会进一步加大，这些都将成为拉动住房消费的增长点，加上科学合理的调控手段，预计 2014 年天津市整体房屋销售市场仍将呈现平稳发展的态势。

（撰稿人：苏鸣霄）

◉ 沈阳

2013 年房地产市场运行情况

2013 年，沈阳市房地产市场继续保持平稳健康的发展态势。房地产开发投资平稳增长，施工规模进一步扩大，企业资金较为充裕。随着国家持续对房地产市场进行调控，房地产开发企业及购房者观望态度较浓，楼市成交平淡，商品房销售市场前景并不明朗。

一、房地产市场运行特点

（一）开发投资平稳增长，非住宅投资有所放缓

2013 年，沈阳市房地产开发投资继续保持平稳增长，完成投资 2 184.0 亿元，比上年增长 12.4％，占全市固定资产投资的 34.2％，比 2012 年回落 0.3 个百分点。

从投资增速变化情况看，一季度，房地产市场借助全运会的重大机遇，开发投资以 27.9％的速度快速增长。随着新的调控政策效果的逐渐显现，投资增速逐渐回调至上半年的 16.0％、前三

季度的 18.1％和全年的 12.4％（见图 3—12），上下浮动幅度不大，实现了平稳发展。从投资结构看，住宅投资的主体地位有所增强，完成投资 1 574.6 亿元，比上年增长 18.3％，增速比 2012年提高 12.7 个百分点，占全市房地产投资的比重由上年的 68.5％提高到 72.1％。而非住宅投资增长有所放缓，占比由上年的31.5％下降至 27.9％。其中，商业营业用房完成投资 396.7 亿元，增长 10.5％；办公楼完成投资 62.0 亿元，下降 38.1％。

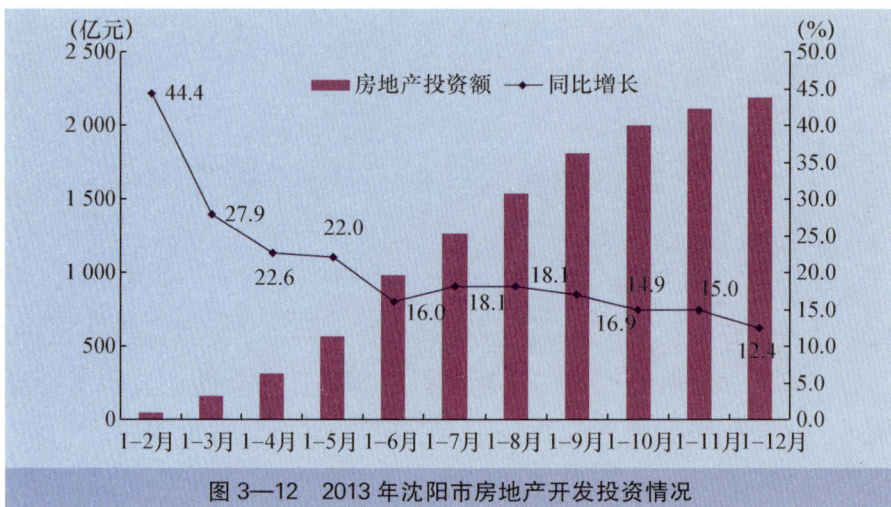

图 3—12　2013 年沈阳市房地产开发投资情况

（二）民营房地产增长迅速，国有和外资投资步伐放缓

随着市场发展空间的不断扩大，占据沈阳市房地产市场多半个江山的民营房地产不断发展壮大，已成为推动沈阳市房地产平稳快速发展的主要力量。2013 年，沈阳市民营房地产开发投资1 497.9 亿元，占全市房地产投资总额的 68.6％，比上年增长 1.3倍，远高于全市投资增速。相比之下，受宏观调控的影响，沈阳市外资房地产企业的投资步伐开始放缓，吸引外资形势较往年低迷，2013 年，外资房地产开发投资 621.9 亿元，下降 4.5％。2013年，国有房地产开发投资 64.2 亿元，下降 41.9％。

（三）建设规模进一步扩大，新开工、竣工面积有所下降

2013 年，沈阳市商品房建设规模进一步扩大，施工面积 11 568.3 万平方米，比上年增长 5.1%，增速比 2012 年回落 2.8 个百分点，增速有所放缓。其中，住宅施工面积 8 482.5 万平方米，增长 5.5%；商业营业用房施工面积 1 922.0 万平方米，增长 4.3%；办公楼施工面积 339.7 万平方米，下降 9.8%。

受国家宏观调控政策的影响，沈阳市房地产新开工面积已连续 7 个月呈下降趋势。2013 年，全市房地产新开工面积 3 619.1 万平方米，比上年下降 5.3%，其中，住宅新开工面积 2 720.6 万平方米，下降 5.9%。商品房竣工步伐放缓，2013 年全市房屋竣工面积 1 459.8 万平方米，下降 29.4%，其中，住宅竣工面积 1 230.3 万平方米，下降 25.2%。

（四）商品房销售有所下降，楼市成交平淡

2013 年，随着宏观调控政策的逐步到位，沈阳市房地产市场进一步规范，市场成交份额更多地被首置购房者占有，房地产投机行为得到进一步遏制，购房者的减少直接影响了房地产市场的销售状态，致使销售市场涨幅受限。在这样的背景下，沈阳市房地产销售市场降温明显。2013 年，沈阳市商品房销售面积 2 262.3 万平方米，比上年下降 8.4%。从销售结构看，住宅销售 2 017.4 万平方米，下降 8.4%；办公楼销售 17.5 万平方米，下降 20.0%；商业营业用房销售 202.0 万平方米，增长 5.3%。

（五）房屋销售价格指数环比、同比均有所上涨

相比一线城市，沈阳市房价上涨幅度比较平稳，12 月，新建

房屋销售价格同比上涨 13.2%，涨幅与上月持平；环比上涨 0.2%，比上月回落 0.1 个百分点。12 月，二手住宅销售价格同比上涨 5.6%，比上月提高 0.4 个百分点；环比上涨 0.5%，比上月提高 0.3 个百分点。总体来看，房价涨幅较为平稳，预计未来不会呈现大起大落的发展态势。

（六）企业到位资金较为充裕，自筹资金仍占据主体

2013 年，房地产企业资金链紧张情况有所缓解，企业到位资金较为宽裕。2013 年，沈阳市房地产到位资金 2 517.5 亿元，比上年增长 18.8%，高于房地产投资增速 6.4 个百分点。其中，自筹资金依然是房地产开发企业主要的资金来源。2013 年，企业自筹资金 1 475.6 亿元，增长 31.6%，占全部到位资金的 58.6%，比 2012 年提高 5.7 个百分点。个人按揭贷款 152.9 亿元，增长 57.6%；定金及预收款 594.5 亿元，增长 19.3%。国内贷款与利用外资出现负增长，分别下降 39.5% 和 33.9%。

二、当前房地产市场需关注的问题

（一）新开工面积持续下降

2013 年，随着房地产调控政策效果的逐渐显现，沈阳市房地产投资增速由年初的 44.4% 下降至 12.4%。在宏观调控政策不断加压的影响下，投资型购房者逐渐远离市场，销售市场更多地取决于本地刚性需求与城市吸纳人口带来的新增置业需求，而这部分需求量有限，导致销售市场前景不明朗，房地产企业开发信心不足，全市房地产新开工面积比上年有所下降。2013 年，全市新

开工面积自 6 月开始已连续 7 个月呈负增长，全年新开工面积下降 5.3％，房地产调控政策已经对房地产市场产生一定影响。

（二）外资房地产开发呈下降趋势

2013 年，在全球经济疲软和我国宏观调控力度不断增强的双重影响下，外资房地产在沈阳市的投资呈下降趋势。2013 年，沈阳市外资房地产完成投资 621.9 亿元，比上年下降 4.5％，与全市房地产投资增长 12.4％相差较大，占全市房地产投资比重由上年的 33.5％下降至 28.5％。外资房地产施工面积 3 250.7 万平方米，下降 15.9％，其中，新开工面积 615.5 万平方米，下降 32.3％，下降明显。

（三）市场对待售房屋的消化能力减弱

2013 年，面对国家从严的调控政策，沈阳市房地产销售市场降温明显，受这一情况影响，2013 年，沈阳市待售商品房面积比上年增长 45.6％，其中，商品住宅待售面积增长 49.3％。待售 3 年以上商品房面积为 62.5 万平方米，增长 6.4％，占全部待售面积的 6.1％，其中，住宅 52.1 万平方米，增长 16.3％。房地产市场对待售房屋的消化能力有所下降。

三、几点建议

（一）落实调控政策的同时，确保房地产市场健康平稳发展

2013 年，国家宏观调控政策对沈阳市房地产市场的影响逐渐

显现，外商投资呈下降趋势，新开工面积持续下降，商品房销售市场前景不明朗。因此，要切实采取更加有效的措施，在认真落实国家相关调控政策的同时，确保沈阳市房地产市场在国家宏观调控的大背景下依然保持平稳发展。一要强化土地、资金等要素保障，强化基础设施配套，最大限度满足房地产市场需求；二要积极吸引国内外企业进入，着力引进和培育房地产大项目建设；三要统一规划，合理引导房地产建设布局和规模，确保房地产市场健康可持续发展。

（二）采取有效措施，进一步规范房地产市场秩序

受宏观调控政策的影响，沈阳市房地产销售市场涨幅受限，房地产企业消化待售房屋能力也有所减弱，房地产市场呈现短暂的低迷状态。因此，要采取有效措施，进一步规范房地产市场秩序，在有效抑制投机性购房的基础上，提高商品房市场成交量，以促进房地产市场更好更快发展。一是在发展经济的同时，大力提高居民收入，缩小房价与收入的差距，并适当采取措施提高市场对待售房屋的消化能力。二是要继续支持居民自住和改善型住房消费，抑制投资投机性购房。加大差别化信贷政策执行力度，切实防范各类住房按揭贷款风险。三是要加强房地产市场的监管力度，加大房价监管和调控力度，打击房地产开发市场的暴利行为，抑制商品房价格过快上涨。

（三）调整和完善房地产信贷政策，拓宽企业融资渠道

房地产业是资金密集型产业，其供给和需求都离不开银行贷款。2013年，沈阳市房地产国内贷款比上年下降39.5%，其中银行贷款下降50.3%，银行贷款获得难度加大，增加了房地产企业

资金压力。因此，积极调整和完善房地产信贷政策，努力拓宽融资渠道，具有十分重要的现实意义。一要完善税收和财政政策，对消费性需求，尤其是中小户型和中低价位普通商品住宅，给予适当优惠政策，以保证民有所居；二要发展多元化的房地产融资体系，构建和完善房地产金融体系，促进房地产市场的健康发展；三要改善企业自身的筹资环境，降低财务风险，以争取更多的外部资金支持。

（撰稿人：郭 奇）

◉ 上海

2013 年房地产市场运行情况

2013 年，上海市从房地产市场发展实际出发，继续贯彻落实各项房地产调控政策，严格执行住房限贷、限售政策，投资投机性购房需求基本得到抑制。同时不断完善"四位一体"的住房保障体系，扩大住房保障的覆盖面，尽力解决广大群众的住房困难。

一、2013 年房地产市场基本状况

2013 年，上海市房地产市场呈现出开发投资较快增长、建设资金较为充裕、市场需求较为旺盛的特征。

（一）房地产开发基本情况

1. 房地产开发投资较快增长

2013 年，上海市房地产开发投资 2 819.59 亿元，比上年增长

18.4％，增幅比一季度、上半年和前三季度分别回落 3.5 个、3.3 个和 2.3 个百分点，全年开发投资始终保持两位数增长水平（见图 3—13）。近年来，房地产开发投资占全社会固定资产投资的比重不断上升，2013 年所占比重达到 49.9％，比上年高 4.6 个百分点。

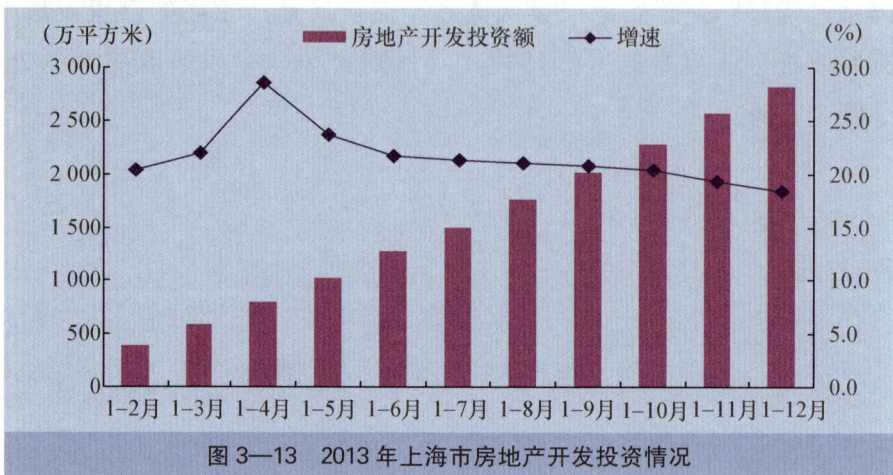

图 3—13　2013 年上海市房地产开发投资情况

从商品房类型看，商品住宅投资 1 615.51 亿元，比上年增长 11.3％，占全部房地产开发投资的 57.3％；办公楼投资 377.18 亿元，增长 43.5％，占 13.4％；商业营业用房投资 370.03 亿元，增长 26％，占 13.1％。

2013 年，上海市房地产开发投资较快增长，主要有以下三方面的原因：

一是非住宅开发投资快速增长。随着办公楼和商业营业用房等房屋建设规模不断扩大，上海市非住宅开发投资 1 204.09 亿元，比上年增长 29.6％，增幅高于全部房地产开发投资 11.2 个百分点，占全部房地产开发投资的比重从上年的 39％上升至 42.7％，大力推动了房地产开发投资的增长。

二是大项目投资占比上升。2013 年，房地产开发建设项目中完成投资超过 5 亿元的项目有 129 个，比上年增加 37 个，完成投资 1 220.03 亿元，增长 48％，占全部房地产开发投资的 43.3％，比上年高 8.7 个百分点。

三是土地购置费快速增长。2013 年，土地购置费 588.84 亿元，增长 50.8%，占全部房地产开发投资的 20.9%，成为拉动房地产开发投资快速增长的重要因素之一。

2. 商品房建设规模维持高位

受房地产开发投资较快增长的影响，上海市商品房建设规模维持高位。2013 年，房屋施工面积达到 1.35 亿平方米，比上年增长 2.0%。其中，商品住宅 8 125.74 万平方米，下降 2.3%。

受 2012 年三季度以来房地产市场销售持续回暖及 2013 年土地出让面积大幅增加的影响，2013 年初以来，房屋新开工面积降幅持续收窄。全年房屋新开工面积 2 705.95 万平方米，下降 0.7%，降幅比一季度、上半年和前三季度分别收窄 19.9 个、14.3 个和 7.4 个百分点。其中，商品住宅 1 643.09 万平方米，增长 5.1%。

截至 2013 年，房屋新开工面积已连续 22 个月同比下降。受此影响，竣工面积增幅持续回落，全年竣工 2 254.44 万平方米，比上年下降 2.2%（见表 3—3）。其中，商品住宅 1 417.41 万平方米，下降 11.9%。

表 3—3　　　　　　2013 年上海市房屋建设情况

时期	施工面积		新开工面积		竣工面积	
	绝对数（万平方米）	增速（%）	绝对数（万平方米）	增速（%）	绝对数（万平方米）	增速（%）
一季度	10 969.25	0.0	622.30	−20.6	765.37	78.4
上半年	12 086.23	0.2	1 246.80	−15.0	1 071.17	10.0
前三季度	12 832.09	0.6	1 947.19	−8.1	1 424.84	3.1
全年	13 516.58	2.0	2 705.95	−0.7	2 254.44	−2.2

（二）房地产项目建设资金较为充裕

1. 各渠道到位资金均比上年增长

2013 年，上海市房地产项目建设到位资金合计 6 851.29 亿元，比上年增长 28.9％。其中，上年末结余资金 1 758.62 亿元，增长 30.4％；本年到位资金 5 092.67 亿元，增长 28.3％。从本年到位资金来源渠道看，四大类资金均比上年增长（见表 3—4）。

表 3—4　　　　2013 年上海市房地产开发企业本年到位资金情况

指标	本年到位资金（亿元）	增速（％）	比重（％）
本年到位资金	5 092.67	28.3	100.0
国内贷款	1 292.36	32.4	25.4
利用外资	38.14	46.0	0.7
自筹投资	1 569.91	13.3	30.9
其他资金	2 192.26	38.7	43.0

2. 房地产贷款较快增长

据人民银行上海总部统计，截至 2013 年末，上海市中资商业银行本外币房地产贷款余额 11 032.43 亿元，比上年增长 13.7％。其中，房地产开发贷款余额 4 681.4 亿元，增长 14.1％；个人购房贷款余额 5 854.82 亿元，增长 15.4％。

2013 年，上海市新建商品住宅及二手住房销售面积大幅增长。受此影响，公积金贷款呈快速增长态势。截至 2013 年末，公积金贷款余额 1 788.31 亿元，增长 25.9％，当年累计发放住房公积金 614.56 亿元，增长 49.8％。

（三）房地产市场需求较为旺盛

近些年，针对房价上涨过快带来的社会矛盾和经济风险，国家及上海市政府实施了一系列房地产市场调控政策，并加快建立健全住房保障制度。3 月底，上海市认真贯彻落实中央关于房地产市场的调控政策，出台新"国五条"实施细则，强化房地产市场监管，投资投机需求得到抑制，调控政策取得一定成效。但随着限购政策效应逐步减弱，"地王"不断涌现，中国（上海）自由贸易试验区设立等多方因素影响，房价上涨预期初步形成，导致房地产市场需求较为旺盛。

1. 新建商品住宅销售面积突破 2 000 万平方米

由于延续了 2012 年三季度开始的楼市回暖之势，加上 2012 年上半年销售面积负增长，基数较低，2013 年上海市商品房销售面积持续快速增长，增幅始终保持在 25％以上。全年上海市新建商品房销售面积 2 382.2 万平方米，比上年增长 25.5％。其中，商品住宅 2 015.81 万平方米，增长 26.6％。

从结构分析，中小户型占比下降。90 平方米及以下商品住宅销售面积 884.24 万平方米，比上年增长 19.1％，低于全部商品住宅增速 7.5 个百分点，占全部商品住宅销售的 43.9％，比重较上年回落 2.7 个百分点，这导致中小户型商品住宅供应不足、价格上涨较快。此外，由于改善性需求持续增长，大户型住宅（144 平方米以上）销售面积占比由上年的 17.2％提高到 18.5％。

2. 存量房成交面积快速增长

新"国五条"政策出台后，短期内市场需求集中释放，存量房成交量激增，伴随上海市调控细则出台，增速有所回落，但仍保持快速增长的势头。据上海市房地产交易中心统计，2013 年，上海市存量房网签面积 2 784.34 万平方米，比上年增长 57.2％；其中存量住宅 2 460.07 万平方米，增长 63.7％。从各月情况看，新"国五条"出台的 3 月，存量住宅网签面积达到历史最高，当月成交 571.95 万平方米（见表 3—5）。

表 3—5　　　　　2013 年上海市存量房及存量住宅网签情况

	存量房网签		存量住宅网签	
	面积（万平方米）	环比增速（％）	面积（万平方米）	环比增速（％）
3 月	584.99	355.2	571.95	386.4
6 月	204.76	15.2	174.16	18.5
9 月	233.33	13.5	203.33	7.2
12 月	205.89	−4.2	167.22	−10.2

（四）新建商品住宅平均销售价格继续上涨

2013 年，上海市新建商品住宅平均销售价格 16 192 元/平方米。从区域分布看，全市新建商品住宅中，内环线以内区域销售面积 61.75 万平方米，占全市新建商品住宅的 3.1％；内外环线之间区域销售面积 363.8 万平方米，占 18％；外环线以外区域销售面积 1 590.26 万平方米，占 78.9％。全年各环线区域新建商品住宅平均销售价格分别为：内环线以内 48 909 元/平方米，内外环线之间 26 073 元/平方米，外环线以外 12 661 元/平方米。

从剔除共有产权住房和动迁安置住房等保障性住房后的市场化新建商品住宅的区域分布看，内环线以内区域销售面积 50.7 万平方米，占全市市场化新建商品住宅的 4.5％；内外环线之间区域销售面积 242.5 万平方米，占 21.7％；外环线以外区域销售面积 824.04 万平方米，占 73.8％。全年各环线区域市场化新建商品住宅平均销售价格分别为：内环线以内 55 443 元/平方米，内外环线之间 34 656 元/平方米，外环线以外 18 270 元/平方米。

（五）保障性住房建设情况

近年来，上海市坚决贯彻落实中央、国务院有关加快住房保障工作的精神，通过廉租住房、共有产权保障住房、公共租赁住房、征收安置住房等途径切实改善中低收入家庭的住房条件。上海市保障性安居工程稳步推进，不断完善"四位一体"的住房保障体系，扩大住房保障的覆盖面，对符合条件的申请家庭做到"应保尽保"。据上海市住房保障和房屋管理局统计，2013 年上海市新开工建设及筹措各类保障性住房（含旧住房综合改造）785 万平方米、11.01 万套，超过年度目标（见表 3—6）。保障性住房竣工（基本建成）796.54 万平方米、10.39 万套。

表 3—6　　　　　　　2013 年上海市保障性住房新开工（筹措）情况

类别	全年目标		完成情况	
	面积 （万平方米）	套数 （万套）	面积 （万平方米）	套数 （万套）
保障性住房	725	10.5	785	11.0
征收安置住房	475	5.3	485	5.4
公共租赁住房	110	2.2	138	2.2
旧住房综合改造	140	3.0	162	3.4

二、2013 年房地产市场存在的问题

（一）市场供给压力较大

通过实施限购、限贷等调控政策，投资投机购房需求得到了有效抑制，但市场开发也更趋于谨慎。2012 年 3 月开始，上海市商品住宅新开工面积降幅持续超过 20％，全年下降 36.8％，2013 年以来虽然降幅逐渐收窄，但新开工面积下降持续时间较长。在目前市场销售较为旺盛的背景下，后期市场供给压力仍然较大。

（二）小户型住房比重仍然偏低

目前，上海市房地产市场供应结构中的小户型住房（90 平方米及以下）比重仍然偏低。2013 年，上海市小户型住房投资 667.66 亿元，比上年增长 5.5％，增幅比 2012 年回落 19.2 个百分点，占住宅投资的比重由 2012 年的 43.6％下降到 41.3％；小户型住房施工面积 3 607.75 万平方米，下降 6.8％，2012 年为增长 9.8％，占住宅施工面积的比重由 46.5％下降到 44.4％；小户型住

59

房新开工面积 689.2 万平方米，下降 13.1%，占住宅新开工面积的比重由 50.7% 下降到 41.9%。

（三）商业地产开发比重上升

由于此前出台的一系列宏观调控政策调控目标是住宅市场，商业地产（办公楼和商业营业用房）成为开发商和购房者双方规避调控政策的选择。2013 年，商业地产投资比重为 26.5%，比上年提高 3.1 个百分点；商业地产施工面积达到 2 932.45 万平方米，比上年增长 7.2%，增幅高出全部施工面积 5.2 个百分点，占全部施工面积的 21.7%，比重比 2012 年提高 1.1 个百分点。同时，2013 年底商业地产待售面积达到 563.35 万平方米，比 2012 年增加 24.21 万平方米。因此，应密切关注商业地产的开发建设，适时出台政策予以引导，防止因投资过热而导致供应过剩。

三、2014 年房地产市场趋势判断

2013 年，上海市经济发展平稳，房屋在建规模超过 1.35 亿平方米，反映供给的先行指标新开工面积在经历了近两年时间的下降后，2013 年全年降幅已收窄至 0.7%，加之土地交易量大幅增加，反映市场交易活跃程度的销售等指标表现良好，这些因素都为上海市房地产市场稳定健康发展奠定了良好的基础。但影响房地产开发市场发展的不确定因素依然存在。初步判断，2014 年上海市房地产开发投资将低速增长，商品房销售将延续"量升价涨"的趋势。

（一）房地产开发投资增幅将回落

一方面，受市场销售持续旺盛的影响，土地成交量增加从而导

致 2014 年房屋新开工面积将出现增长，土地出让金的上涨又会带动房地产开发投资中的土地购置费的增长。同时办公楼和商业营业用房建设规模的扩大、建设成本的上升，以及保障性住房及配套工程的不断建设都将支撑房地产开发投资保持一定的规模。另一方面，建安工程等实体投资增长偏慢，特别是住宅投资增速明显低于全部房地产开发投资增速。此外银行系统为减少中长期贷款比重，提高信贷资金流动性，增强风险抵抗能力，势必减少房地产开发贷款的发放力度，这些都将是影响房地产开发投资的不利因素。综合判断，预计 2014 年上海市房地产开发投资增幅将出现较大幅度回落。

（二）商品房销售将延续"量升价涨"的趋势

一是政策面，市场对新"国五条"政策已逐步消化，调控后续政策不明朗；二是需求面，刚性和改善型需求量仍然较大；三是成本面，销售旺盛使得土地市场成交活跃，导致楼面价出现上涨，购房者对房价上涨的预期仍然较强；四是资金面，目前开发商资金状况良好，通过降价促销回笼资金的意愿并不强烈。因此，在刚性和改善型需求入市的推动下，市场成交可能会继续活跃，预计 2014 年上海市商品房销售面积将超过 2013 年的规模。伴随成交量的上升，成交价格仍然将呈现上涨趋势，但若出现房价短期快速上涨，将会进一步受到调控政策的制约，因此房价出现温和上涨的可能较大。

四、房地产市场健康发展的对策建议

（一）落实好房地产调控政策，努力保持市场稳定发展

当前和今后一个时期，上海市要继续坚决贯彻落实房地产市

场的调控政策，高度关注房地产市场出现的新情况、新变化，积极引导和调控房地产市场走势，努力保持市场稳定发展。

（二）积极引导合理消费需求，做好房价稳定工作

在市场回暖的情况下，强化合理住房消费的引导和舆论的正确导向，既稳定购房者的消费预期，也稳定企业的市场预期，以达到房价稳定的目标。对于首套住房可以通过降低首付比例、提供更高额度的公积金贷款和更为优惠的贷款利率等多种方式进行支持。

（三）调整住房供应结构，提高中小户型住房占比

针对中小户型住房比重仍然偏低的现状，下阶段要大力发展中小户型、中低价位的普通住房以提高其占比，使之成为住房供应的主体，这有利于促进资源节约型社会的建设。

（四）加大土地开发进度监管，增加供应量

为缓解上海市住房供应不足的现状，一方面可以加大土地供应力度，另一方面需要加强土地开发进度的监管，加快项目开发建设的速度，为市场提供新增供应，这将在一定程度上削弱购房者对房价上涨的预期，有利于市场平稳发展。

（撰稿人：罗欣蟾）

◉ 南京

2013 年房地产市场运行情况

2013 年，"宏观稳、微观活"成为房地产政策的关键词，全国整体调控基调贯彻始终。年初新"国五条"及各地细则出台，继

续坚持调控不动摇，"有保有压"方向明确，下半年以来，新一届政府着力建立健全长效机制、维持宏观政策稳定，党的十八届三中全会将政府工作重心明确为全面深化改革。虽然楼市调控高压未减，但南京市房地产市场受其影响较小，行业投资环境整体较暖，市场延续 2012 年末的高涨趋势，土地市场持续火热，商品住宅和二手住宅交易量创下近几年新高，呈现需求持续上升、量价逐步攀升的显著特点。

一、房地产开发基本情况

（一）房地产开发投资全年平稳低速运行

2013 年，南京市房地产开发投资延续 2012 年三季度后的放缓趋势，全年低速、平稳运行。全年完成投资 1 037.71 亿元，比上年增长 6.8％，增速较 2012 年回落 4.7 个百分点，投资额首次突破千亿元大关。

分季度看，一季度房地产开发投资增长 5.7％，上半年增长 5.9％，前三季度增长 4.0％，全年增速略有回升，但仍为个位数增长（见图 3—14）。

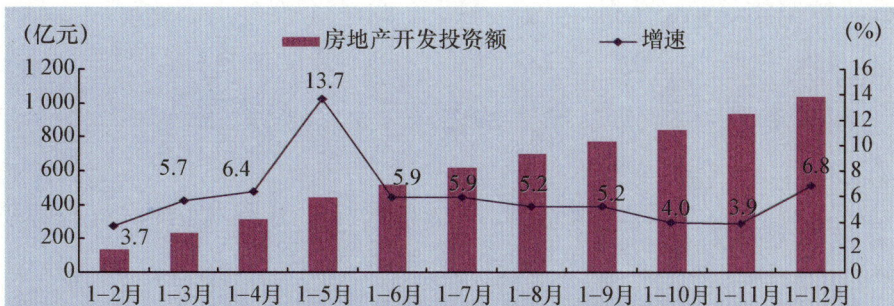

图 3—14　2013 年南京市房地产开发投资情况

（二）住宅投资提速，非住宅类投资增速放缓

2013 年，南京市房地产住宅开发投资完成 729.13 亿元，比上年增长 10.3%，增幅较 2012 年提高 6.6 个百分点，占房地产开发投资的比重为 70.3%，较 2012 年提高 2.2 个百分点；非住宅类投资 308.58 亿元，下降 0.8%，2012 年为增长 32.8%，增速明显放缓。其中，办公楼投资 59.77 亿元，下降 7.5%，2012 年为增长 51.3%；商业营业用房投资 120.78 亿元，增长 26.6%，增速比 2012 年提高 0.7 个百分点；其他类型房屋投资 128.04 亿元，下降 15.2%，2012 年为增长 30.4%。

（三）中等户型住宅投资增幅由负转正，迅速升温

2013 年，南京市住宅类投资中，小户型（90 平方米及以下）投资 322.00 亿元，比上年增长 9.1%，增速较 2012 年下降 21.1 个百分点；大户型（144 平方米以上）投资 150.04 亿元，增长 18.1%，2012 年为下降 7.1%；中等户型（90~144 平方米）住宅投资 257.09 亿元，增长 7.6%，2012 年为下降 12.9%。中等户型住宅投资从 1—11 月开始扭转上年负增长的趋势，投资增幅迅速回升，较全年降幅最大的 1—10 月回升 22.8 个百分点。

（四）本年到位资金增幅远高于开发投资增速

2013 年，南京市受新建商品房市场持续升温和销售量持续增长影响。全年房地产开发企业资金到位 2 215.43 亿元，比上年增长 33.2%，增幅远远高于开发投资增速 26.4 个百分点。其中，通过销售房屋取得的定金及预收款 726.15 亿元，增长 45.3%；国内

贷款和自筹资金分别为 536.98 亿元和 499.69 亿元，分别增长 28.9％和 16.7％（见表 3—7）。

表 3—7　　　　　　2013 年南京市房地产开发企业到位资金情况

指标名称	绝对数（亿元）	增幅（％）	指标名称	绝对数（亿元）	增幅（％）
本年到位资金小计	2 215.43	33.2	（2）利用外资	1.27	−77.0
（1）国内贷款	536.98	28.9	（3）自筹资金	499.69	16.7
其中：银行贷款	386.07	0.7	（4）其他资金	1 177.50	44.8
非银行金融机构贷款	150.91	352.8	其中：定金及预收款	726.15	45.3

（五）随着新开工面积的快速增长，房屋施工面积增速止跌回升

2013 年，南京市房屋施工规模达 6 156.48 万平方米，比上年增长 1.8％，终于在年尾结束了本年二季度以来的持续负增长的态势。随着 11 月一批新增项目入库，全年南京市新开工面积达 1 745.07 万平方米，增长 19.3％，为一季度后最高增速，由此也带动了全市房屋施工规模止跌回升。其中，住宅新开工面积 1 287.07 万平方米，增长 29.1％；商业营业用房新开工面积 168.13 万平方米，增长 48.5％；办公楼新开工面积 54.05 万平方米，下降 23.4％。

（六）竣工房屋面积大幅下降

2013 年，南京市房屋竣工面积 1 039.39 万平方米，比上年下降 38.8％，1—11 月为增长 8.6％，竣工面积增速在年尾跳水，主要原因，一是由于 2012 年，南京市四大保障房片区竣工面积达 358.10 万平方米，造成基数较大，若排除四大保障房片区竣工面积对全市的影响，竣工面积下降 22.5％；二是从 2012 年末开始，房地产开发投资增速逐步放缓，在本年持续低速运转，施工节奏

有所放缓，造成竣工面积负增长。

二、商品房市场销售情况

（一）新建商品房销售"稳"字当头

2013 年，南京市商品房销售面积 1 222.01 万平方米，比上年增长 28.5%，增速较 2012 年提高 4.6 个百分点，从历史数据看，比 2009 年（1 186.94 万平方米，为以往数据最高值）多销售 35.07 万平方米，达历史上销售面积最高点。全年的销售走势"稳"字当头，从二季度开始，销售一路保持快速平稳增长态势，增速始终保持在 28.0% 左右（见图 3—15）。

图 3—15　2013 年南京市商品房销售面积走势图

（二）刚性、改善盘销售百花齐放

2013 年，南京市商品住宅销售面积 1 143.15 万平方米，比上年增长 30.5%，在 2012 年末快速增长的态势下仍提高 1.8 个百分点。其中，刚性盘（90 平方米及以下）销售 390.44 万平方米，增长 32.5%，销售增速快于全部住宅增速，2012 年为下降 12.9%；改善户型（90～144 平方米）销售面积达 554.39 万平方米，增长 26.0%，虽然增速较 2012 年大幅回落 42.1 个百分点，但仍占住宅销量的 48.5%，接近 2012 年比重（50.2%）。

（三）住宅价格高位徘徊，房价调控效果显现

2013 年，从 70 个大中城市新建商品住房价格指数看，1—4 月，南京市新建商品住宅价格环比涨幅较大，5 月后涨幅逐渐趋缓。从排名来看，全年南京市新建商品住房同比价格指数在 70 个大中城市中排名位于前列，基本稳定在 5～6 位之间，与其他同类城市对比，仅低于上海、北京、广州和深圳。房价的快速上涨，引起地方政府的重视，除严控涨价项目许可证发放以外，也催生了年底前新一轮房地产"调控潮"，11 月，南京市出台的房地产调控政策，其中二套房首付款比例提高引起大家关注。随着房地产市场调控力度的增强，近几个月房价环比涨幅连续收窄。

（四）二手住宅交易量创新高，成交均价上涨明显

来自住建部门的资料显示，2013 年，南京市二手房交易面积为 858.7 万平方米，比上年增长 69.2%。其中，二手住宅交易面积为 807.38 万平方米，增长 80.6%，交易量增幅明显，为近年来最高，并且高出近五年（2009—2013 年）年均交易量 230 万平方米。从月度走势来看，月度销售量整体表现出色，3—5 月月成交套数均超过万套，其中 3 月成交量达到有史以来的月度最高值。6 月以后，虽然政策效应逐渐减退，成交量透支严重，交易量开始回落，但由于市场热度不减，12 月二手住宅交易套数仍高于 2012 年最高值。

2013 年，全市二手住宅成交均价 11 865 元/平方米，比上年增长 14.3%，增速比 2012 年提高 9 个百分点，整体来看，二手住宅价格涨幅明显。从月度走势来看，各月成交均价均属高位，超过 10 000 元/平方米，5 月以来，均维持在 12 000 元/平方米以上。

（五）土地上市量继续下滑，房企拿地意愿强烈

据南京市国土局网站资料显示，2013 年，南京市土地上市 450.91 万平方米，比上年下降 8.4%，连续两年呈现下滑态势。主要原因是：一是从供应地块特点看，单宗地块平均体量仅为 4.65 万平方米，比 2012 年减少约 1 万平方米，创出历史新低；二是上市地块中，二类住宅用地仅有 24 块，较 2012 年减少 20 块，占比为 24.7%，存量略显不足；三是 7 月初江北公布禁地计划，导致江北供地面积下降 56.5%，一定程度上拉低了全市供地总量。

2013 年，土地成交金额达到 793.61 亿元，为 2012 年的 2.2 倍，创历史新高。从土地拍卖情况看，房企拿地意愿较为强烈。一是年度共有 43 宗地块溢价成交，比 2012 年多出 10 宗，平均溢价率达到 30.8%，增长超两成；二是部分地域地价数月内被多次刷新，如仙林板块，金地集团、中天城投和昆仑沃华 4 个月内先后三次刷新该区域地价，类似情况也在城北迈皋桥区出现。

三、值得关注的几个因素

虽然南京市房地产市场总体运行平稳，并较长时间保持回暖趋势，但下一步房地产市场走势仍面临较大不确定性，特别是土地市场的持续火爆、地价的快速上涨以及银行资金紧张等问题，都会对南京市房价以及住房需求产生影响。

（一）地价上涨过快，导致房价上涨压力较大

2013 年以来，南京市住房市场需求旺盛，也带动土地市场交易火热。截至 12 月，土地成交金额和楼面价已达近年最高点，甚至部分地块的楼面价超过了该地块所在区域的销售价格。而高价地块的成交加强了购房者对后市房价上涨预期。在目前情况下，地价房价互相促进上涨，如果不抑制地价上涨趋势，2014 年房价上涨的压力依然很大。

（二）项目销售秩序不规范，加剧市场恐慌心理

在市场销售火爆的情况下，个别项目通过"毛坯改精装"，精装价格标准虚高，"精装改毛坯"，名义价格或下降，但实际价格上涨等方式规避监管，曲线涨价，或以楼盘少量多批，形成"日光盘"等事件，营造市场供不应求的假象，进一步加剧购房者的恐慌心理，排队买房、花钱买号等现象再现。

（三）银行资金不充裕，需求受到抑制

2013 年，银行"钱荒"问题引来市场高度关注，银行资金较为紧张，表现为：一是放款额度趋紧，不少银行上调贷款优惠利率，仅有少部分小规模银行仍实行最低 8.5 折利率。二是房贷放款时间趋长，普遍在一个月以上，一些银行甚至在两三个月以上。目前，银行资金面紧张问题很难得到明显改善，这也将在一定时期内抑制市场购房需求。

（撰稿人：许丹禔）

◉ 杭州

2013 年房地产市场运行情况

2013 年，杭州房地产开发投资增速减缓，新建商品房销售增速逐月回落，房屋新开工面积和竣工面积增速由负转正，企业资金保障形势总体良好，土地市场交易较为火爆。全市房地产开发市场总体在波动中运行，后期走势仍存在诸多不确定因素，需密切关注。

一、房地产市场运行情况及特点

（一）房地产开发投资情况

1. 开发投资增速减缓，对固定资产投资拉动作用减弱

2013 年，杭州完成房地产开发投资 1 853 亿元，增长 16.0%，增幅较上年回落 16.9 个百分点，拉动固定资产投资增长 6.9 个百分点。

从全年走势看，2013 年，杭州 1—2 月房地产投资增长 25.6%，增幅为全年最高点；1—10 月增长 12.7%，增幅为全年最低点，其余月份增幅基本保持在 13%~17%。

从用途看，2013 年，杭州商品住宅投资 1 170 亿元，增长 16.8%，占房地产开发投资的 63.1%；办公楼、商业营业用房和其他用房投资分别为 169 亿元、175 亿元和 340 亿元，分别增长 19.0%、26.9%和 7.6%，分别占房地产开发投资的 9.1%、9.4% 和 18.4%。

从构成看，2013 年，杭州完成建筑安装工程投资 806 亿元，增长 14.4%；设备工器具购置和其他费用投资 1 047 亿元，增长 17.3%。

从投资主体看，2013 年，杭州国有及国有控股投资 228 亿元，增长 24.5%；非国有投资 1 626 亿元，增长 14.9%，其中民间投资 1 275 亿元，增长 6.5%。

从区域看，2013 年，杭州市区完成房地产开发投资 1 598 亿元，增长 16.2%，占全市房地产开发投资的 86.2%。五县（市）完成投资 255 亿元，增长 14.8%，占全市房地产开发投资的 13.8%。

2. 住宅投资以大中户型为主，小户型投资增速回落

2013 年，杭州 90 平方米以上住宅投资 714 亿元，增长 25.5%，增幅比上年提高 12.4 个百分点，占全部住宅投资的 61.1%，较上年提高 4.3 个百分点。其中，90～144 平方米住宅投资 344 亿元，增长 58.0%，增幅提高 38 个百分点，占住宅投资的 29.5%，较上年提高 7.8 个百分点；90 平方米及以下住宅投资 455 亿元，增长 5.1%，增幅回落 48.6 个百分点。这表明市场对于大中户型住宅的需求预期提升。

3. 房屋施工规模不断扩大，新开工、竣工面积增速由负转正

2013 年，杭州房屋施工面积 9 328 万平方米，增长 12.5%，增幅较上年提高 5 个百分点，其中住宅施工面积 5 509 万平方米，增长 9.7%，增幅提高 6.7 个百分点。房屋新开工面积 2 039 万平方米，由上年的下降 27.2% 转为增长 12.3%，其中住宅新开工 1 144 万平方米，由上年的下降 28.8% 转为增长 11.3%。全市房屋竣工面积 1 172 万平方米，由上年的下降 13.8% 转为增长 11.1%，其中住宅竣工面积 845 万平方米，由上年的下降 19.8% 转为增长 25.4%。

4. 投资增长仍依赖土地费用拉动

2013 年，全市房地产投资额中土地购置费 802 亿元，增长

17.4％，增幅高于全部房地产投资 1.4 个百分点，对全市房地产开发投资的增长贡献率达 47.1％，直接拉动全市房地产投资增长 7.4 个百分点。土地购置费用仍为房地产开发投资增长的主要拉动力。

（二）商品房销售与土地成交情况

1. 新建商品房销售逐月回落，二手房交易量较快增长

2013 年，杭州新建商品房销售面积 1 139 万平方米，增幅由 1—2 月的 81.9％逐月回落至 4.5％（见图 3—16），较上年回落 43.1 个百分点。其中住宅销售面积 969 万平方米，增幅由 1—2 月的 98.4％回落至 5.3％，比上年回落 48 个百分点。二手房交易量较快增长。2013 年，为规避新"国五条"限控，3 月二手房交易出现井喷，也拉动了杭州全年二手房交易量较快增长。杭州市区（含萧山、余杭）二手房成交 43 309 套，同比增长 39.4％；成交面积 404.51 万平方米，增长 45.5％。其中，二手住宅成交 40 291 套，成交面积 367 万平方米，分别比上年增长 43.6％和 49.3％。

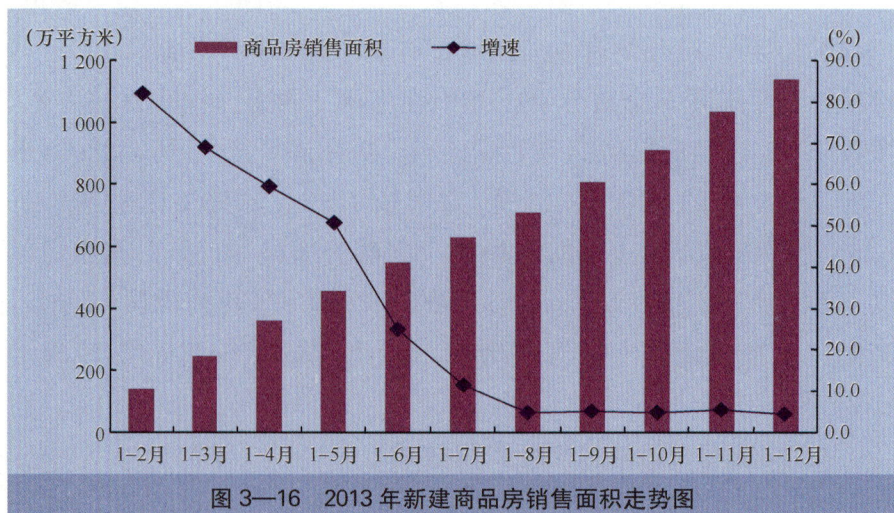

图 3—16　2013 年新建商品房销售面积走势图

2. 土地市场交易活跃，出让以商业及住宅用地为主

据杭州市国土资源局统计数据显示，2013 年，主城区（不含萧山、余杭）出让土地 119 宗，出让土地面积 340 万平方米，成交金额 844 亿元。其中，商业与住宅用地 96 宗，出让土地面积 303 万平方米，成交金额 831 亿元。

（三）房地产开发企业资金到位情况

2013 年，杭州房地产开发企业到位资金状况良好，本年到位资金 2 904 亿元，增长 34.0%，增幅较上年提高 22.9 个百分点。

从资金来源看，2013 年全市房地产开发经营企业国内贷款 637 亿元，由上年的下降 0.9% 转为增长 28.6%，占本年到位资金的 21.9%；利用外资 11 亿元，由上年的下降 77.7% 转为增长 1.79 倍，占本年到位资金的 0.4%；企业自筹资金 622 亿元，由上年的下降 0.3% 转为增长 47.2%，占本年到位资金的 21.4%；其他资金来源 1 634 亿元，增长 31.2%，增幅较上年提高 7.9 个百分点，占本年到位资金的 56.3%，其中定金及预收款 1 003 亿元，个人按揭贷款 597 亿元，分别增长 12.7% 和 105.3%。

（四）与浙江省其他城市比较

1. 开发投资增速低于全省

2013 年，杭州房地产开发投资总量继续保持全省首位，总量比居第 2 位的宁波和第 3 位的温州分别多 730 亿元和 1 119 亿元；占全省房地产开发投资总额的 29.8%，比上年下降 0.9 个百分点；增速低于全省平均水平 2.9 个百分点，位于全省 11 个城市第 8 位，较上年后移 4 位。

2. 商品房销售增速位于全省末位

2013 年，杭州新建商品房销售面积继续保持全省第一，比居第 2 位的宁波和第 3 位的绍兴分别多 409 万平方米和 531 万平方米；占全省的比重为 23.3％，比上年下降 3.9 个百分点；增速低于全省平均水平 17.5 个百分点，位于全省 11 个城市末位。

二、当前房地产市场需关注的问题

（一）稳定房价仍面临一定压力

2013 年 12 月，杭州新建商品住宅销售价格同比上涨 11.5％，二手住宅销售价格同比上涨 2.9％。另据杭州市住房保障和房产管理局统计数据显示，2013 年杭州市区新建商品房成交均价 17 148 元/平方米，同比增长 12.5％。其中，新建商品住宅销售价格 16 698 元/平方米，增长 12.7％。房价仍呈上涨趋势。

（二）后市面临潜在的消化压力

2013 年，随着竣工面积的增多，杭州商品房待售面积增长 36.6％，增幅较上年提高 22.6 个百分点。另据杭州市住房保障和房产管理局统计数据显示，杭州市区可售商品房创历史新高，截至 2013 年 12 月末，杭州市区可售商品房 11 万套，面积 1 473 万平方米，分别增长 35.0％和 36.5％，增幅较上年提高 28.6 个和 25.1 个百分点。待售面积和可售房源处于近年来的高位，库存压力初步显现。

（三）房地产业企业景气度下降

2013 年四季度杭州房地产业企业景气指数为 124.0，比上季度下降 4.5 点。企业家们对房地产业的判断乐观度较上期下降明显，企业家信心指数为 97.5，比上季下降 12.0 点，由上季的"微景气"下滑至"微弱不景气"区间。

三、几点建议

（一）加强市场监测和正确舆论导向

进一步完善房地产工作联席会议制度，定期分析研究房地产业发展重大问题，加强监测预警，继续完善房地产市场信息发布和信息披露制度。要强化正确舆论引导，引导居民从自身实际出发理性消费，促进全市房地产业健康发展。

（二）多途径盘活存量商品房

2013 年，杭州商品房可售面积创历史新高，并有继续扩大的趋势，应切实引起高度重视。一要建立存量商品房发布平台。开发商对楼盘的宣传往往多集中于销售前期，存量房的宣传攻势相对减弱，造成存量房源的市场信息难以到达有购置意向的需求者手中。因此通过专业集中的信息发布平台，可促进有关房源的市场知晓度及提高房源信息查询效率。二要政府协调房地产开发经营企业，通过长期租用待售商品房转为公租房的方式转租给中低收入群体，这样既解决了商品房闲置问题，又可以降低保障房的建设与管理成本。

（三）进一步规范房地产市场秩序

要加快处置闲置房地产用地，全面清查房地产企业存量土地情况，对已拿地未进行实质性开发的企业及项目进行清理，督促企业加大存量土地开发力度；加大问题楼盘的处置力度，建立部门联动机制，对问题楼盘进行排查，尽快妥善解决存在的问题；加强房地产市场监管，严肃查处开发建设过程中擅自变更规划、提高容积率等违法违规行为，切实规范市场交易行为，营造诚实信用、依法经营的市场环境。

（撰稿人：傅　远）

◉ 广州

2013 年房地产市场运行情况

2013 年，广州市委、市政府坚决贯彻落实中央房地产市场调控工作部署，及时出台房地产市场调控措施，多措并举，稳定广州房地产开发投资及住房价格，保持房地产市场平稳健康发展。广州市房地产市场呈现出开发投资较快增长、投资区域分布结构进一步优化、施工面积稳步扩大、企业资金来源较为充足等良好发展态势。此外，伴随着调控力度逐渐加大，房地产交易市场逐渐降温。

一、房地产开发市场发展特点

（一）房地产开发情况

1. 房地产开发投资较快增长，全年呈前高后稳态势

2013 年，房地产开发完成投资 1 572.43 亿元，比上年增长 14.7%。从全年投资走势看：1—4 月房地产开发投资处于上升阶段，增幅不断攀升，最高达到 38.1%（见图 3—17）；5 月开始，随着房地产市场调控措施的出台，投资快速增长的势头得到控制，投资增速呈现出缓慢回落态势。

图 3—17 2013 年广州市房地产开发投资情况

2. 房地产开发投资向周边地区倾斜

2013 年，中心城区完成房地产开发投资 598.79 亿元，比上年下降 8.6%，降幅收窄 0.5 个百分点；周边地区房地产开发投资 973.64 亿元，增长 36.1%，增幅提高 24.2 个百分点（见表 3—8）。在 12 个区（县级市）中，房地产开发投资增速高于全市平均水平的有 7 个区，分别为荔湾区、海珠区、黄埔区、番禺区、花都区、南沙区和萝岗区，其中黄埔区投资上升势头迅猛，房地产开发投资成倍增长，增速达 1.6 倍；投资增速高于上年的有 8 个区（县级市），分别为荔湾区、海珠区、黄埔区、花都区、南沙区、萝岗区、增城市和从化市。

表 3—8 2013 年广州市房地产开发投资区域分布情况

区域	完成投资（亿元）	比上年增加（%）	增速比上年增加（百分点）
全市合计	1 572.43	14.7	9.7
1. 中心城区	598.79	−8.6	0.5
荔湾区	100.77	25.3	31.0
越秀区	51.79	−38.6	−14.9

续前表

区域	完成投资（亿元）	比上年增加（%）	增速比上年增加（百分点）
海珠区	120.26	28.8	74.1
天河区	224.74	－18.1	－45.2
白云区	101.23	－17.2	－8.9
2. 周边地区	973.64	36.1	24.2
黄埔区	52.70	158.3	173.3
番禺区	292.64	23.2	－9.0
花都区	145.31	23.0	15.4
南沙区	124.59	75.5	37.1
萝岗区	149.61	98.0	96.3
增城市	149.25	6.6	11.2
从化市	59.54	12.4	14.1

3. 各用途投资均保持较好的增长势头

2013 年，广州市商品住宅完成投资 950.68 亿元，比上年增长 14.9%，增幅提高 10.1 个百分点。其中，90 平方米及以下住宅完成投资 211.98 亿元，由上年的下降 9.7% 转为增长 6.8%；144 平方米以上住宅完成投资 307.46 亿元，增长 5.2%，增幅回落 7.8 个百分点。小户型住宅投资增幅提高，大户型住宅投资增幅回落，小户型住宅开发比重上升，未来小户型住宅的供应将得到补充，有利于满足居民住房刚性需求。

2013 年，广州市非住宅类商品房完成投资 621.75 亿元，比上年增长 14.5%，增幅提高 9.3 个百分点。其中，办公楼完成投资 166.84 亿元，增长 8.6%；商业营业用房完成投资 205.88 亿元，增长 4.2%；其他房屋完成投资 249.03 亿元，增长 30.0%。

4. 商品房施工规模稳步扩大，新开工面积高位增长

2013 年，广州市房屋施工面积为 8 159.31 万平方米，比上年增长 4.0%，增幅提高 2.0 个百分点。其中，住宅施工面积 4 990.72 万平方米，增长 1.5%；办公楼施工面积 769.08 万平方米，增长 15.6%；商业营业用房施工面积 961.25 万平方米，增长 9.0%。

2013 年，广州市房屋新开工面积为 2 144.76 万平方米，由上

年的下降 26.7％ 转为增长 38.0％。其中，住宅新开工面积
1 341.51 万平方米，由上年的下降 32.5％ 转为增长 36.8％；办公
楼新开工面积 221.39 万平方米，由上年的下降 21.4％ 转为增长
71.9％；商业营业用房新开工面积 243.05 万平方米，增长
19.0％，增速回落 38 个百分点。

（二）房地产市场销售情况

1. 新建商品房交易量先增后降

2013 年是房地产市场调控力度较大的一年，广州市先后出台
新"国五条"实施细则、实行商品房网上申报价格制度、执行
"限制网签"、"限制预售证"、"指导价"及"穗六条"等措施，力
促房地产市场健康发展。受调控措施影响，购房需求得到抑制，
新建商品房交易量出现负增长。2013 年，十区新建商品房网签交
易面积为 897.25 万平方米，由上年的增长 31.8％ 转为下降 7.4％。
其中，新建住宅网签交易面积 709.46 万平方米，下降 7.6％。从
月度新建商品房交易量变化情况看，交易量由年初的呈倍数增长
不断下行，到 11 月累计新建商品房网签面积出现负增长，全年新
建商品房和新建商品住宅网签面积较上年分别下降 7.4％ 和 7.6％
（见图 3—18）。

2. 二手房屋交易增速先高后低

2013 年，广州市十区二手房网签交易面积为 889.66 万平方米，
由上年的下降 21.3％ 转为增长 40.9％。其中，二手住宅网签交易
面积 727.22 万平方米，增长 47.1％。从二手房全年交易量变化趋
势看，十区前四个月的二手房交易量呈逐月大幅攀升态势，其主
要原因为国家新"国五条"颁布后，二手房购房者赶地方实施细
则出台前的"末班车"，二手房市场出现了集中交易的现象，1—4
月累计增幅达到最高点（1.3 倍）；5 月开始，政策的不确定性影响

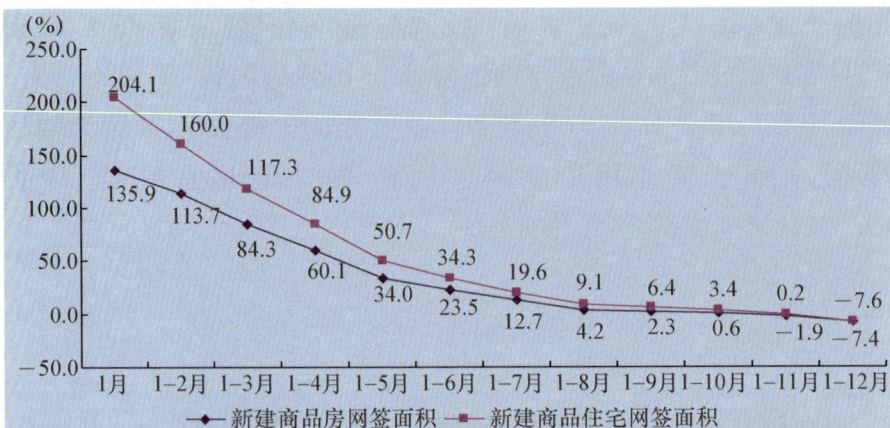

图 3—18　2013 年广州市十区新建商品房和新建商品住宅网签增长情况

资料来源：广州市国土资源和房屋管理局。

逐渐减弱，同时由于购房需求的提前释放，二手房交易市场趋于稳定，二手房交易量增幅逐月回调（见图 3—19）。

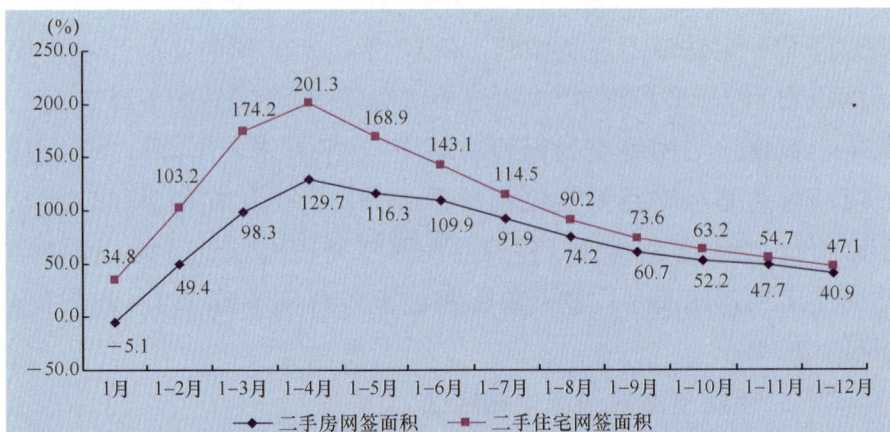

图 3—19　2013 年广州市十区二手房网签增长情况

资料来源：广州市国土资源和房屋管理局。

3. 新建商品住宅销售价格逐月攀升

2013 年，广州市新建商品住宅价格呈现出逐月攀升的趋势。从新建商品住宅价格环比变化情况看，1—12 月住宅价格均环比上涨，2 月住宅价格环比增幅达到全年最高值（3.1％）。3 月，宏观调控效果开始显现，住宅价格环比增速总体呈现逐渐放缓趋势，

12 月环比增速回落到 0.7%。从新建商品住宅价格同比变化情况看，上半年住宅价格增长较快，6 月同比增长 16.5%，增速较 1 月提高 11.8 个百分点；下半年开始住宅价格增势略有放缓，12 月同比增长 20.4%，增速较 6 月提高 3.9 个百分点（见图 3—20）。

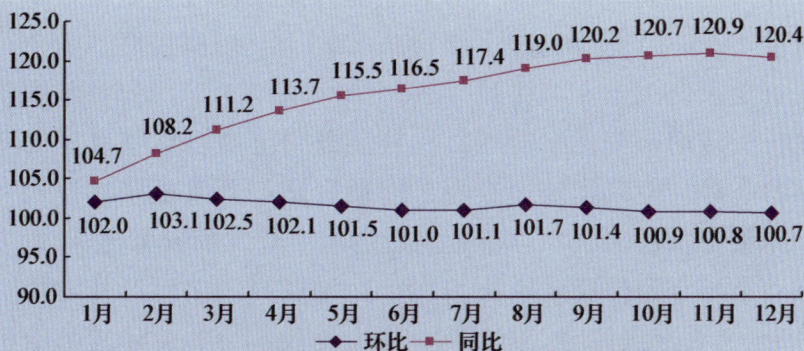

图 3—20　2013 年广州市新建商品住宅价格指数

4. 二手住宅销售价格缓慢上升

2013 年，广州市二手住宅价格总体呈现出缓慢上升的趋势。从二手住宅价格环比变化情况看，1—12 月住宅价格环比增幅在 0.4%~1.7% 之间波动。从二手住宅价格同比变化情况看，住宅价格同比增幅总体呈上升态势，从 1 月同比增长 3.5% 提高到 12 月同比增长 12.3%（见图 3—21）。

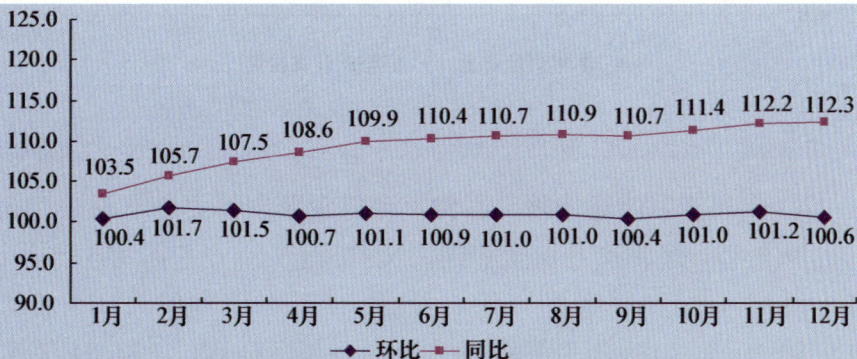

图 3—21　2013 年广州市二手住宅价格指数

（三）房地产开发资金来源与信贷情况

1. 房地产开发企业到位资金仍较充裕

2013 年，广州市房地产开发企业资金来源较为充裕，本年到位资金 2 286.92 亿元，比上年增长 22.4%，增幅提高 7.8 个百分点，资金投资比为 1.45∶1，高于上年水平（1.36∶1）。从全年企业到位资金增幅变化情况看，尽管资金到位增幅总体呈现出逐渐下调的态势，但其增速一直高于同期房地产开发投资增速：一季度到位资金增长 58.5%，增速高于房地产开发投资增速 20.7 个百分点；上半年到位资金增长 48.7%，增速高于房地产开发投资增速 25.3 个百分点；前三季度到位资金增长 27.0%，增速高于房地产开发投资增速 10.1 个百分点；全年到位资金增长 22.4%，增速高于房地产开发投资增速 7.7 个百分点（见图 3—22）。

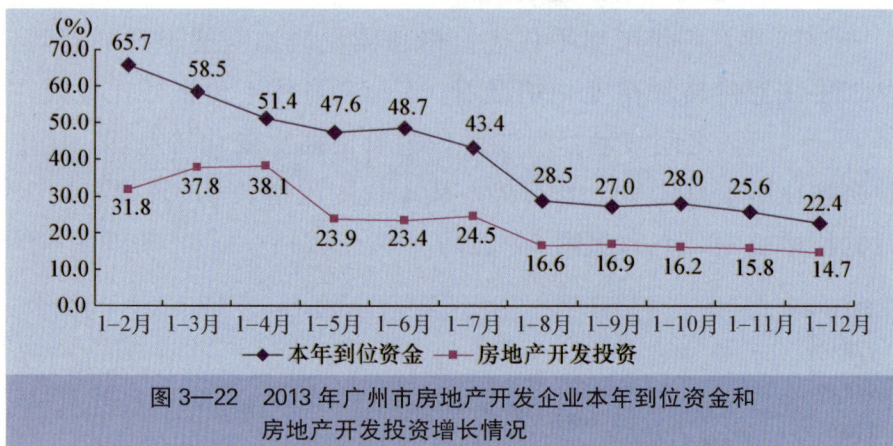

图 3—22　2013 年广州市房地产开发企业本年到位资金和
房地产开发投资增长情况

2. 国内贷款增速回落，其他资金成企业主要资金来源

2013 年，房地产开发企业国内贷款到位 440.98 亿元，比上年增长 7.1%，增幅回落 20.4 个百分点；利用外资到位 12.11 亿元，增长 80.0%，2012 年为下降 85.5%；自筹资金到位 563.54 亿元，增长 18.0%，增幅回落 19.9 个百分点；房地产开发企业其他资金

来源到位 1 270.28 亿元，增长 30.7%，增幅提高 24.4 个百分点，占到位资金总量的 55.5%，比重比上年提高 3.5 个百分点。其中，定金及预收款和个人按揭贷款增长较快：定金及预收款 917.38 亿元，增长 26.4%，增幅提高 4.5 个百分点；个人按揭贷款 243.99 亿元，增长 51.0%，增幅提高 37.5 个百分点。

3. 房地产信贷运行基本情况

截至 12 月末，中外资银行机构人民币房地产贷款余额为 4 623.82 亿元，比年初新增 522.41 亿元，比上年增长 12.7%，增幅提高 4.8 个百分点。

12 月末，房地产开发贷款余额为 1 569.86 亿元，比年初新增 82.72 亿元，比上年增长 5.6%，增幅提高 2.3 个百分点。其中，地产开发贷款 213.81 亿元，比年初增加 2.12 亿元，增长 1.0%；房产开发贷款 1 356.05 亿元，比年初新增 80.60 亿元，增长 6.3%，其中住房开发贷款 826.89 亿元，比年初减少 50.03 亿元，下降 5.7%。房地产开发贷款余额占房地产贷款余额的比重为 33.95%，比上年末减少 2.31 个百分点。

12 月末，购房贷款余额为 3 053.96 亿元，比年初新增 439.69 亿元，增长 16.8%，增幅提高 6.0 个百分点。其中，个人购房贷款 2 898.44 亿元，比年初增加 313.48 亿元，增长 12.1%。购房贷款余额占房地产贷款余额的比重为 66.05%，比上年末上升 2.31 个百分点。

(四) 土地供应和成交情况

1. 土地供应增加

2013 年，广州市加快实施旧村、旧厂、旧城改造，土地供应量大幅增加。划拨、协议和公开出让的实际供地面积为 2 115.64 万平方米，比上年增长 76.5%。其中，房地产的实际供地面积为

956.53 万平方米，增长 79.1%。

2. 土地成交火热

2013 年，开发商对房地产后市发展仍保持信心，土地交易市场火热：招标、拍卖和挂牌土地成交面积为 1 239.22 万平方米，比上年增长 50.23%，成交金额为 716.70 亿元，增长 1.7 倍，其中房地产土地成交面积为 531.15 万平方米，增长 50.2%，成交金额为 654.17 亿元，增长 1.8 倍（见表 3—9）。从土地成交价格看，公开出让的大部分地块溢价成交，多幅住宅地块（溢价率超过45%）以竞配建保障性住房面积形式成交，全市多个区域均出现了刷新土地成交单价纪录的情况。

表 3—9　　　　　　2013 年广州市土地供应和成交情况

指标	2013 年完成额	比 2012 年增加（%）
本年实际供地面积（万平方米）	2 115.64	76.5
其中：房地产（万平方米）	956.53	79.1
土地成交面积（万平方米）	1 239.22	50.2
其中：房地产（万平方米）	531.15	50.2
土地成交金额（亿元）	716.70	170
其中：房地产（亿元）	654.17	180

资料来源：广州市国土资源和房屋管理局。

（五）保障性住房体系进一步健全

2013 年，广州市共筹集保障性住房 18 110 套（户），完成年度目标任务的 118.2%；新增发放租赁补贴 3 418 户，完成年度目标任务的 227.87%；制定了 2013—2015 年保障性住房建设年度计划，3年间将在现有基础上再建设筹集保障性住房 5 万套（户），其中住房实物 3.8 万套，租赁补贴 1.2 万户；住房保障标准从家庭年人均可支配收入 15 600 元放宽至 20 663 元，覆盖家庭年人均可支配收入占全市年人均可支配收入 60% 以下的困难家庭。保障性住房政策体系进一步健全，以租为主的保障性住房供应体系逐步完善。

二、房地产开发市场存在的主要问题

(一) 土地出让价格持续上扬，"地王" 频现

据国土管理部门统计，2013 年广州市招标、拍卖和挂牌房地产土地成交均价为 12 316 元/平方米，同比上涨 85.8%。各区地价纷纷刷新纪录，房价上涨预期增强。海珠区南洲路地块被城建地产购得，剔除配建保障房面积折合楼面地价 3.45 万元/平方米；白云区同宝路地块被佳兆业地产购得，剔除配建保障房面积折合楼面地价 2.56 万元/平方米；番禺区万博商业区地块被中铁建工集团购得，折合楼面地价 1.42 万元/平方米；黄埔区南玻地块被佳兆业地产购得，剔除配建保障房面积折合楼面地价 1.07 万元/平方米；萝岗区云埔工业区地块被城建地产购得，折合楼面地价 0.92 万元/平方米；南沙区金洲涌以南总部集聚区地块被保利地产购得，折合楼面地价 0.64 万元/平方米。"地王" 的频繁产生，一方面对外界释放出开发商对房地产的后市有充分信心的信号；另一方面，同宝路 "地王" 和南洲路 "地王" 出现了 "面粉" 比 "面包" 贵的现象，直接推动了周边楼盘价格的上涨，房价上行的预期增强。

(二) 房价增速居全国前列，房价走势仍需高度关注

12 月，广州市新建商品住宅销售价格同比增长 20.4%，位列全国第三，仅次于上海（21.9%）和北京（20.6%）；环比增长 0.7%，位列全国第五，仅次于合肥（1.1%）、乌鲁木齐（0.9%）、济宁（0.9%）和泸州（0.8%）。二手住宅销售价格同比增长 12.3%，位列全国第四，仅次于北京（19.7%）、深圳（14.8%）和上海（13.9%）；

环比增长 0.6%，位列全国第十一。新建商品住宅和二手住宅销售价格均位列全国前列，房价走势仍是政府工作中需要高度关注的问题。

（三）企业资金构成有待优化

2013 年，广州市房地产开发企业到位资金构成分别为国内贷款占比 19.28%，利用外资占比 0.53%，自筹资金占比 24.64%，其他资金来源占比 55.55%。与北京、天津、上海、深圳和重庆五个城市相比，房地产开发企业对以销售回笼资金为主的其他资金来源依赖程度较高，占企业到位资金的一半强，其他五个城市均不超过48%。此外，广州市国内贷款和自筹资金的比重在六个城市中均居于末位，其中国内贷款占比不足 1/5（见表 3—10）。企业对其他资金来源的过分依赖，其到位资金受销售回笼资金影响较大，由于销售市场受到政策等因素影响较大，这将不利于企业资金链的稳定。

表 3—10　　　　六个重点城市房地产开发企业到位资金构成对比

城市	国内贷款 占比（%）	利用外资 占比（%）	自筹资金 占比（%）	其他资金来源 占比（%）
北京	25.16	0.16	29.29	45.39
天津	27.71	0.59	32.30	39.40
上海	25.38	0.75	30.83	43.05
广州	19.28	0.53	24.64	55.55
深圳	26.15	0.01	27.09	46.76
重庆	24.11	0.96	27.39	47.55

三、对策及建议

（一）合理调整土地供应节奏，强化土地市场监管

在土地供应方面，应根据土地市场供需情况，合理控制供地

节奏，并加大中小户型住宅和保障性住房用地的供应力度；在土地拍卖中广泛应用"限地价、竞配建"的方式，限制土地最高出让价；在闲置土地处理方面，应全面清查房地产企业存量土地情况，加大对企业闲置土地的处罚力度，鼓励企业加快开发进度；通过多部门的联合，尽快妥善解决个别地块存在的历史遗留问题，促使其尽快开工；在土地的建设监管过程中，严肃查处开发商擅自变更规划、提高容积率、减少基础设施和公共服务配套等违法违规行为。

（二）完善市政配套设施，合理疏导购房需求

中心城区的房地产经历了很长一段时间的发展和完善，其在教育、医疗、购物、交通等各个方面的配套设施已经趋于成熟，因此购房者更倾向购买市中心的房屋。中心城区有限的土地和不断增长的购房需求之间的矛盾越来越大，一方面导致了市中心楼价的节节攀升，另一方面加大了刚性购房需求的实现难度。政府作为城市的管理者，可以利用周边地区与中心城区直接的轨道交通扩大一小时生活圈的范围，完善各类生活配套设施，引导开发商和购房者从市中心逐渐向副中心区或郊区转移。

（三）加强企业账户管理，拓宽企业融资渠道

面对房地产开发企业对销售回笼资金依赖较强的现状，如何优化企业资金结构是保障房地产市场健康运行的重要问题。首先，应加强对房地产贷款账户的管理，提高房地产企业自有资金的比重。其次，应积极拓展企业融资渠道，大力发展房产信托、企业债券、房产抵押和资产证券化等融资手段，构建多元化融资体系。

（撰稿人：谢　璇）

◉ 深圳

2013 年房地产市场运行情况

2013 年，深圳市在国民经济保持稳中求进的总基调下，房地产市场调控继续执行限购、限贷等从严从紧政策。房地产开发投资较快增长并呈稳中回落态势，房地产销售市场较为火爆，刚性需求继续支撑市场，商品房销售较快增长。

一、市场运行情况

（一）房地产开发投资

2013 年，深圳市房地产开发投资呈倒"V"形走势，总体上看，上半年增速持续提高，7 月后开始稳步回落。3 月为年内增速最低点，增速为 15.9%，7 月为年内增速最高点，增速达 37%，全年完成房地产开发投资额 876.90 亿元，比上年增长 19%（见图 3—23）。

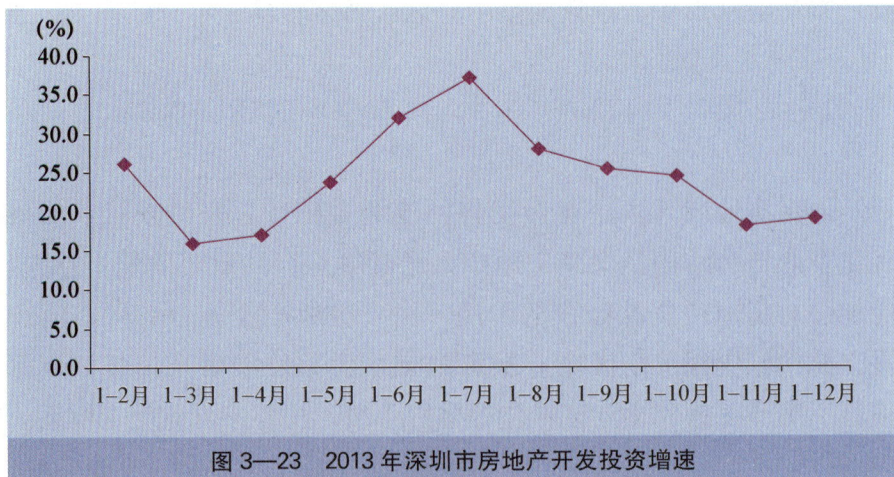

图 3—23　2013 年深圳市房地产开发投资增速

从构成看，建安工程仍为房地产开发投资的主力，增长迅猛。2013 年，建筑工程投资 583.39 亿元，比上年增长 38.3%，安装工程投资 105.27 亿元，增长 58.5%。建安工程投资合计占全市房地产开发投资的比重为 78.5%，比重和前几年相比差别不大；设备工器具购置投资额 10.39 亿元，增长 21.1%，比重为 1.2%；其他费用特别是土地购置费降幅较大，全年其他费用 177.85 亿元，下降 25.9%，其中土地购置费 95.02 亿元，下降 26.8%。

从用途看，住宅开发投资依旧为房地产开发投资的主力。2013 年，全市商品住宅开发投资 590.48 亿元，比上年增长 24.4%，占全部房地产开发投资的比重达 67.3%；办公楼投资投资 64.48 亿元，增长 1.39 倍；商业营业用房投资 84.46 亿元，下降 6.3%。

（二）商品房建设情况

2013 年，深圳市施工面积稳中有升，全年施工面积为 4 003.49 万平方米，比上年增长 24.5%，其中住宅施工面积为 2 608.29 万平方米，增长 23.8%，占全部施工面积比重为 65.2%，与开发投资的结构相符。

2013 年，新开工面积 1 366.40 万平方米，增长 50.9%，增速较 2012 年回落 17.4 个百分点。其中，住宅新开工面积 910.13 万平方米，增长 62.0%，增速提高 9 个百分点，说明住宅是 2013 年新开工面积主要增长点。

2013 年，竣工面积 353.55 万平方米，下降 17%，为近几年少有的下降年份。其中，住宅竣工面积为 196.33 万平方米，下降 32.2%。这说明住宅竣工面积大幅下降拉低了整体竣工增速，但由于 2013 年住宅新开工面积大幅增长，预计未来深圳市房屋竣工情况会有所好转。

（三）商品房销售情况

2013 年，深圳市商品房销售较快增长。全市商品房销售面积 588.58 万平方米，比上年增长 11.9%。其中，住宅销售面积 527.16 万平方米，增长 7.9%，占商品房销售面积的比重为 89.6%（见图 3—24）；90 平方米及以下住宅销售面积 348.53 万平方米，占住宅销售面积比重为 66.1%；144 平方米以上住宅销售面积 106.61 万平方米，占住宅销售面积比重为 20.2%；别墅、高档公寓销售面积 17.96 万平方米，占住宅销售面积比重为 3.4%。销售总体结构与之前几年相差不大，面积在 90 平方米及以下的中小户型占据了住宅销售面积的半壁江山。

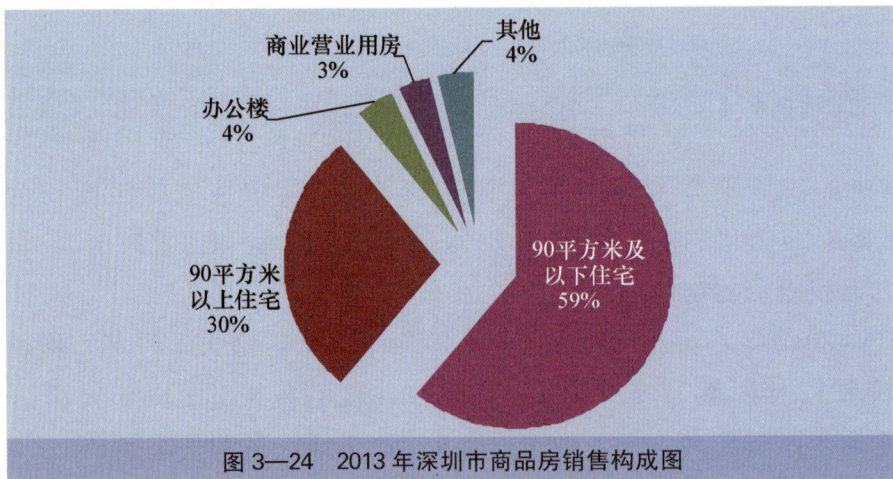

图 3—24　2013 年深圳市商品房销售构成图

分月看，各月销售量较为稳定，在 50 万平方米上下波动（见图 3—25）。

分区域看，位于市中心的福田、罗湖、南山等老区销售量略有增加，销售区域仍主要集中在龙岗、宝安及龙华等区（见图 3—26）。

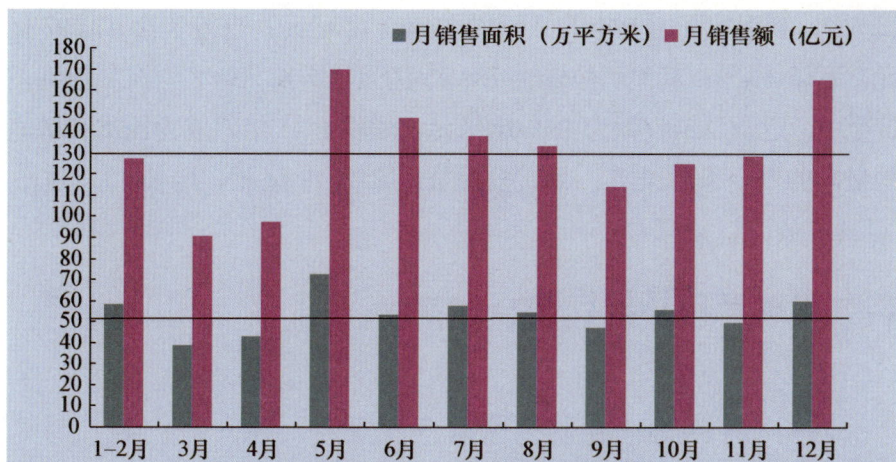

图 3—25　2013 年深圳市各月商品房销售情况

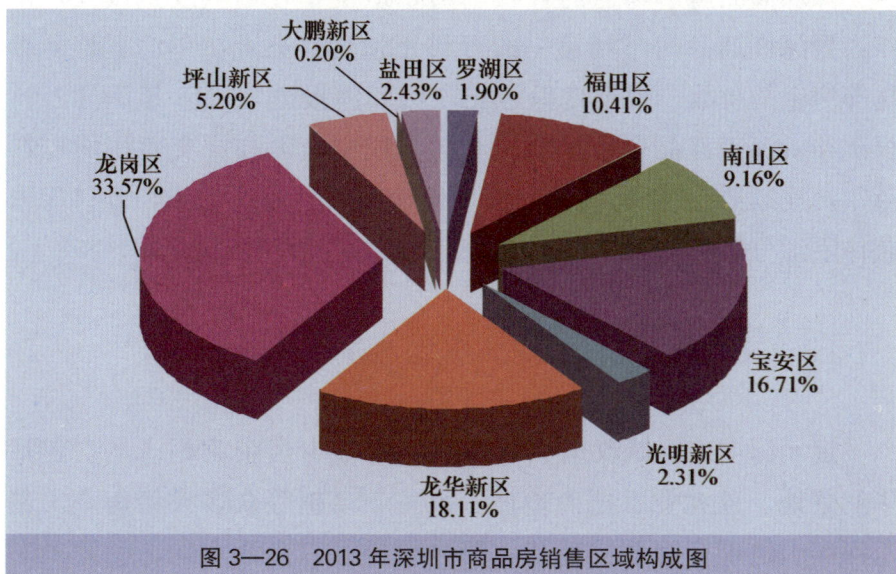

图 3—26　2013 年深圳市商品房销售区域构成图

（四）房地产开发企业资金到位情况

2013 年，深圳市房地产开发到位资金较为充足。本年到位资金
1 686.91 亿元，比上年增长 41.6%。其中，国内贷款 441.09 亿元，增长

45.6%；利用外资由上年的 0 元增加到 0.12 亿元；自筹资金 456.97 亿元，下降 3.4%；其他到位资金 788.73 亿元，增长 90.1%。在其他到位资金中，定金及预收款为 489.61 亿元，增长 1.15 倍，成为比重和增速均最高的资金来源渠道；个人按揭贷款 242.49 亿元，增长 43.3%。

二、房地产市场关注热点

（一）深圳第一梯队房企竞争激烈

深圳商品房市场上的各领军房企地位正在悄然发生改变，多年占据深圳商品房市场第一的万科正遭受佳兆业、华润置地、卓越等房企的挑战。根据搜狐等互联网媒体报道，2013 年深圳万科再次夺得深圳商品房市场成交套数、成交金额和成交面积的三料冠军，连续第 13 年蝉联深圳市场份额第一。而这一年，万科却未获住宅细分市场的第一名，佳兆业首度超越万科成为冠军。

（二）旧城改造将是深圳房地产发展的新走向

近年深圳市旧城改造项目较多，引不少房企竞相入场，包括华润置地、佳兆业、招商地产、京基、卓越等众多大型房企。基于深圳土地供应短缺的现状，旧改项目可以盘活土地，引领未来城市发展的方向，因而成为房地产企业争相抢夺的"大蛋糕"。

三、2014 年房地产市场展望

在限购、限贷政策不放松的 2014 年，一方面深圳住宅成交量仍有刚性需求和成熟区域的优质物业入市支撑；另一方面潜在的政策风险，包括信贷收紧、利率上升和房产税试点等给后市增添了不确定性。预计深圳市未来市场将"扁平化"发展，成交量缩价平，以稳为主。

（撰稿人：邹　皓）

⊙ 武汉

2013 年房地产市场运行情况

2013 年，武汉市认真贯彻国家关于房地产市场的一系列宏观调控政策，坚决抑制投资投机性购房，努力增加市场供应，继续加强保障性安居工程建设，全面强化市场监管，保持价格总体平稳。全年房地产市场整体保持平稳的发展态势。

一、市场运行基本情况

（一）房地产开发投资增长稳中趋缓

2013 年，武汉市房地产开发投资 1 905.6 亿元，比上年增长 21.0%（见图 3—27）。其中，住宅完成投资 1 250.78 亿元，增长 26.2%；商业营业用房完成投资 274.26 亿元，增长 36.1%；办公楼完成投资 123.68 亿元，下降 2.2%。

从投资构成看，建安工程仍是拉动投资增长的主要因素。2013 年，建安工程共完成投资 1 340.71 亿元，占房地产开发投资的 70.4%，拉动房地产开发投资增长 13.9%。从企业登记注册类型看，有限责任公司和私营企业对投资增长贡献较大，两者共完成投资 1 334.24 亿元，占全年开发投资的 70%，拉动房地产开发投资增长 23.1%。

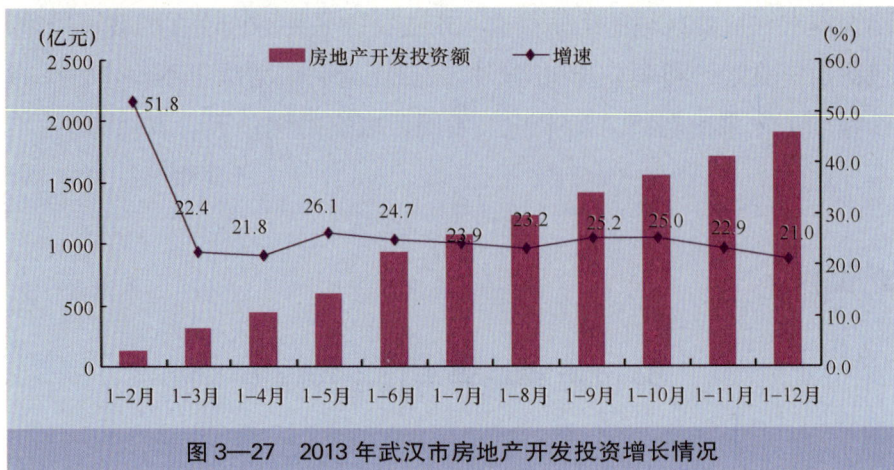

图 3—27　2013 年武汉市房地产开发投资增长情况

（二）房屋施工面积增长较快

2013 年，武汉市房屋施工面积为 8 545.13 万平方米，增长 24.5%。其中，住宅施工面积 6 225.75 万平方米，增长 22.8%；办公楼施工面积 396.06 万平方米，下降 12.1%；商业营业用房施工面积 926.79 万平方米，增长 52.3%。住宅中，90 平方米及以下住宅施工面积 1 877.67 万平方米，增长 9.9%；144 平方米以上住宅施工面积 561.09 万平方米，下降 6%；别墅、高档公寓施工面积 207.52 万平方米，增长 79.9%。

（三）商品房销售快速增长

2013 年，全市商品房销售面积为 1 995.36 万平方米，增长 26.6%（见图 3—28）。其中，住宅销售面积 1 750.43 万平方米，增长 25.9%；办公楼销售面积 71.44 万平方米，增长 21.2%；商业营业用房销售面积 124.0 万平方米，增长 68.0%。住宅中，90 平方米及以下商品房销售面积为 495.16 万平方米，下降 1.5%；144 平方米以上商品房销售面积 194.46 万平方米，增长 25.7%；

别墅、高档公寓销售面积 51.47 万平方米，增长 73.9％。

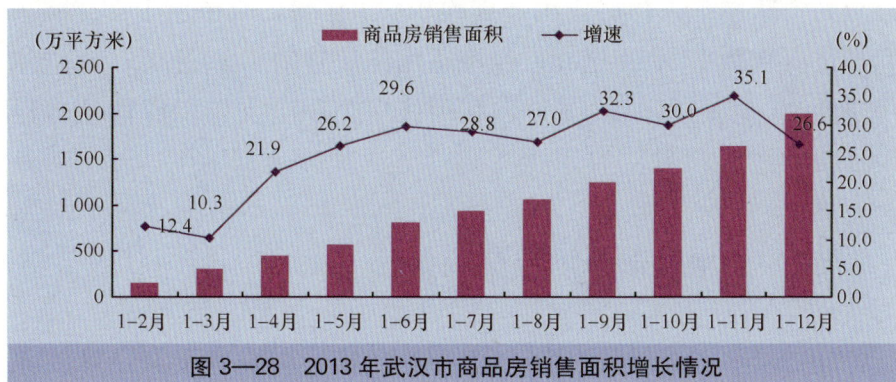

图 3—28　2013 年武汉市商品房销售面积增长情况

（四）企业开发资金增长趋缓

2013 年，全市房地产企业实际到位资金 2 428.86 亿元，增长 10.5％，增幅较前三季度下降 11.6 个百分点，较上年下降 7.6 个百分点。其中，国内贷款 548.03 亿元，增长 49.5％；自筹资金 879.28 亿元，增长 2.6％；其他资金 1 001.55 亿元，增长 2.9％。在其他到位资金中，定金及预收款 534.62 亿元，下降 1.4％；个人按揭贷款 265.63 亿元，增长 45.4％。

（五）房地产各项贷款均增长

中国人民银行武汉分行数据显示，2013 年，全市房地产各项贷款余额 2 847 亿元，比上年增长 17.47％，新增房地产各项贷款 423.37 亿元，增长 50.6％。其中，住房开发贷款余额 635 亿元，增长 21.6％，新增开发贷款 112.89 亿元；个人住房商业贷款余额 1 431.62 亿元，增长 15.9％，新增个人住房商业贷款 196.48 亿元，增长 49.4％；保障性住房开发贷款余额 286.36 亿元，增长 36.7％，新增保障性住房开发贷款 76.92 亿元，增长 12.5％。

2013 年，全市个人住房公积金贷款余额 541.83 亿元，增长
41.7％。新增个人住房公积金贷款 210.1 亿元，其中用于支持购买
商品住房贷款 173.14 亿元，经济适用住房贷款 6.79 亿元，存量住
房贷款 30.17 亿元。2013 年，利用住房公积金支持保障性住房建
设贷款 2 亿元。

（六）土地有形市场成交减少

2013 年，全市土地市场（含中心城区、新城区及开发区）累
计成交房地产开发用地 202 宗，土地面积 1 012.24 公顷（合 15 184
亩），比上年减少 32.2％；规划建筑面积 2 968.82 万平方米，减少
38.1％；成交金额 677.94 亿元，减少 24.6％；平均楼面地价
2 284 元/平方米，上涨 21.9％。

二、市场运行特征

（一）房地产对投资拉动逐步增强

2013 年，武汉市房地产开发投资继续保持较快增长，比上年增
长 21％，增速与上年基本持平，占全市社会固定资产投资 31.7％，占
比较上年增加 0.4 个百分点，为全市投资增长起到了明显支撑作用。

从投资构成看，建安工程仍是拉动投资增长的主要因素。
2013 年，建安工程共完成投资 1 340.71 亿元，占房地产开发投资
的 70.4％，拉动房地产开发投资增长 13.9％。从企业登记注册类
型看，有限责任公司和私营企业对投资增长贡献较大，两者共完
成投资 1 334.24 亿元，占全年开发投资的 70％，拉动房地产开发
投资增长 23.1％。

（二）土地成交价格稳步上涨

2013 年，武汉市公开出让的多个房地产开发类项目出现竞价企业多、竞价轮数多、溢价率高等特点，全市房地产开发用地平均溢价率约 15.6%。全市房地产用地平均楼面地价同比上涨 21.9%，中心城区同比上涨 49.8%，新城区、开发区基本持平。

（三）新建商品房与存量住房销售均增长较快

2013 年，受新建住房供应量持续加大影响，刚性需求集中释放，新建住房销量增幅明显，武汉市商品房销售面积为 1 995.36 万平方米，增长 26.6%。

2013 年，受新"国五条"政策出台的影响，存量住房集中交易过户，导致成交量大幅度增加。全市存量住房交易面积同比增长 84.8%，交易套数同比增长 84.3%。特别是 3—4 月，存量住房交易量同比增幅明显，增幅都在 150% 以上。而 6 月以来，市场逐步回归理性，环比增幅出现回落，但与上年同期相比增幅仍然较大。

三、2014 年房地产市场展望

2013 年以来，武汉市严格执行国家房地产市场调控有关政策要求，11 月出台的"汉七条"，暂定对非本市户籍居民家庭申请购房的，在本市纳税或者缴纳社会保险时间由一年调整为两年，提高了外地户籍购房门槛和二套房首付比例，购房需求被延迟分批释放，将极大缓解房价上涨压力，确保房地产市场平稳有序发展。

此外，武汉市加快建设国家中心城市，大力推进"工业倍增"计划，不断加强城市基础设施与轨道交通建设，经济全面稳健发展，吸引力和辐射力不断增强，预计2014年武汉市房地产市场将保持稳定健康的发展态势。

（一）房地产市场调控政策环境趋稳

一是全国房地产市场宏观调控方向不动摇、调控力度不放松，按照稳中求进的工作总基调，把稳增长放在更加重要的位置，房地产市场仍将保持良好的发展氛围。二是武汉市将继续执行现行各项调控政策，以"既稳价格又稳市场"为原则，落实好既有房地产调控政策，积极做好政策研究和储备工作。根据市场形势变化，合理调整调控措施，把握好执行的力度和节奏。通过供需双向调节，保持房价相对稳定，促进市场平稳运行。三是进一步强化对不同区域、不同类型房地产市场调控的分类指导，相应做出更有针对性的政策调整，针对不同层次需求切实调整供应结构，有效缓解市场供需矛盾。

（二）土地供应较为充足

2013年，武汉市住房用地实际供应总量比过去五年年均实际供应量增加20％以上，特别是加大了保障性住房和中低价位、中小套型普通商品住房用地供应力度。2014年，将确保全市住房用地供应总量比前五年均值增加10％，进一步优化供应结构，均衡供应土地，加强土地市场跟踪分析和交易预警管理，确保土地市场交易平稳。同时，积极做好已供住房用地的监管工作，加强住房用地供应和开发利用的动态监测监管，提高住房用地开发利用效率。

（三）住房价格更趋理性平稳

2014 年，武汉市将继续坚定不移地执行现行各项调控政策，保持政策的连续性和稳定性，努力增加中低价位、中小套型普通商品房的供给，同时也确保保障性住房的有效供给，这些措施对稳定住房价格将起到积极作用。另外，住房供应量继续保持充足，且住房新开工面积也稳中有升，按照开发周期测算，预计在 2014 年能够逐步形成有效供给，住房供应量整体将保持平稳，尤其是城中村改造力度加大，中心城区土地供应也将不断增加，中心城区住房供求偏紧的局面将得到进一步缓解。总的来看，在调控政策没有放松的情况下，当期市场预期不会出现明显变化，随着市场供应量加大，开发企业在楼盘定价上将会更趋理性，住房价格将保持平稳。

（四）保障性住房建设进一步加强

2014 年，武汉市保障性安居工程目标预安排计划为新建各类保障性住房 76 226 套（户），其中公共租赁住房 8 000 套、廉租住房 2 126 套、经济适用住房 500 套、限价商品房 10 000 套、城市棚户区改造 47 800 户、国有工矿棚户区改造 300 户、垦区棚户区改造 7 500 户；基本建成各类保障性住房 48 000 套；分配入住各类保障性住房 35 000 套。为确保目标任务的顺利推进，武汉市拟定了《武汉市 2014 年保障性安居工程工作计划》，将目标任务分解下达到各区政府和相关部门。保障性住房有效供给的增加，将有效缓解中低收入家庭住房困难。

（撰稿人：王志斌　王　青）

◉ **重庆**

2013 年房地产市场运行情况

2013 年，在国家经济保持稳中求进的总基调下，重庆市房地产市场整体运行较为平稳，主要表现为房地产开发投资保持增长态势，增速冲高回落后趋于稳定；新开工、施工、竣工面积于年初短期波动后实现稳健推进；随着商品房销售面积增速由高位不断回落，房地产开发企业三大主要资金来源增速有所放缓，资金保障充裕度小幅下降。

一、房地产开发投资增速冲高回落趋于平稳

2013 年，重庆市房地产开发企业完成投资突破 3 000 亿大关，达 3 012.78 亿元，比上年增长 20.1%，增速比一季度回落 5.2 个百分点，比上半年回落 7.6 个百分点，比前三季度回落 0.5 个百分点，开发投资增速呈现出冲高后快速回落、逐渐趋于平稳的发展趋势。从房地产开发投资增速波动中能看出新"国五条"政策调控的清晰痕迹，表现出全市房地产开发市场趋于良性发展的态势。

（一）住宅投资成为房地产投资增长的重要支撑

从开发投资类型看，2013 年重庆商品住宅投资 2 044.24 亿元，比上年增长 19.8%。从全年房地产开发投资增速走势情况看，商品住宅投资增速成为引导开发投资于上半年冲高、前三季度回落、全年平稳的主要因素。二季度各月商品住宅投资增速从 28.2%提高到 34.3%，有效带动全市房地产开发投资增速由 25.3%

提高到 27.7%，而三季度商品住宅投资增速从前期的年内高位快速回落至 19.4% 的年内低点，导致全市三季度各月房地产开发投资增速分别为 23.1%、22.0%、20.6%，呈现持续回落态势（见图 3—29），四季度商品住宅投资增速与全市房地产开发投资增速基本一致。

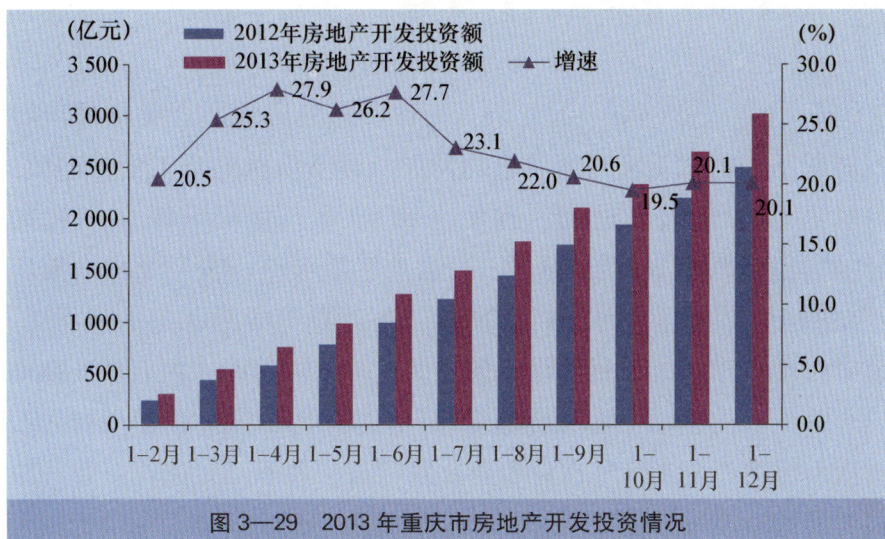

图 3—29　2013 年重庆市房地产开发投资情况

（二）建安投资冲高后回落，拉动开发投资作用逐渐减弱

从开发投资构成看，2013 年重庆房地产建安投资 2 106.41 亿元，比上年增长 17.7%，增速比一季度回落 12.9 个百分点，比上半年回落 14.0 个百分点，比前三季度回落 0.9 个百分点。对比房地产开发投资增速和建安投资增速来看，建安投资对房地产开发投资的拉动作用在逐渐减弱。一季度，建安投资增速高于投资增速 5.3 个百分点；上半年，建安投资增速高于投资增速 4.0 个百分点；前三季度、全年，建安投资增速分别低于开发投资增速 2.0 个和 2.4 个百分点，全年增速差呈现持续回落态势，建安投资的拉动作用逐渐减弱。同时，2013 年费用类投资 906.37 亿元，增长 26.0%，对投资贡献率为 37.1%，拉动投资增长 7.5%，较上半年

拉动力略有增强，提高 2.2 个百分点。

二、新开工、施工、竣工面积于年初短期波动后实现稳健推进

2013 年 2 月，新"国五条"出台，部分房地产企业觉得市场发展前景不明，无法判断后市的发展，对新项目的开工变得谨慎，有意放缓在建项目进度，致使全市新开工面积增幅自年初的 47.2％迅速跌至 3 月的 11.6％，达全年最低点；竣工面积增幅自年初的 19.1％跌为 4 月的－8.3％；施工面积增速也有小幅下降。整个房地产市场的项目建设出现短期波动。随着新"国五条"细则应声落地，受其中"增加普通商品住房供给及供地供应"的影响，重庆市房地产企业景气指数和企业家信心指数双双走高，企业开始稳健推进新项目的开工和在建项目的进度。截至 12 月，全市房屋施工面积 26 251.89 万平方米，比上年增长 19.3％；新开工面积 7 641.63 万平方米，增长 31.4％；受施工周期及上年基数影响，竣工面积略有回落，全年竣工面积 3 084.36 万平方米，下降 4.7％。

三、商品房销售面积总量平稳，增速高开低走，逐渐回落

2013 年全市商品房销售面积 4 817.56 万平方米，比上年增长 6.5％，其中商品住宅销售面积 4 359.19 万平方米，增长 6.2％。自 2010 年以来的 4 年，全市商品房销售面积均保持在每年 4 500 万平方米左右，表明了重庆市房地产销售市场的一个稳定发展态势。商品房销售面积增速呈现出高开低走、不断回落至个位数增长的趋势。延续 2012 年末较好的销售态势，1—2 月 24.5％的增长

速度为全年最高，也是近 3 年的高位，3—7 月增速维持在 17％左右小幅波动，下半年步入持续回落的下降通道（见图 3—30）。

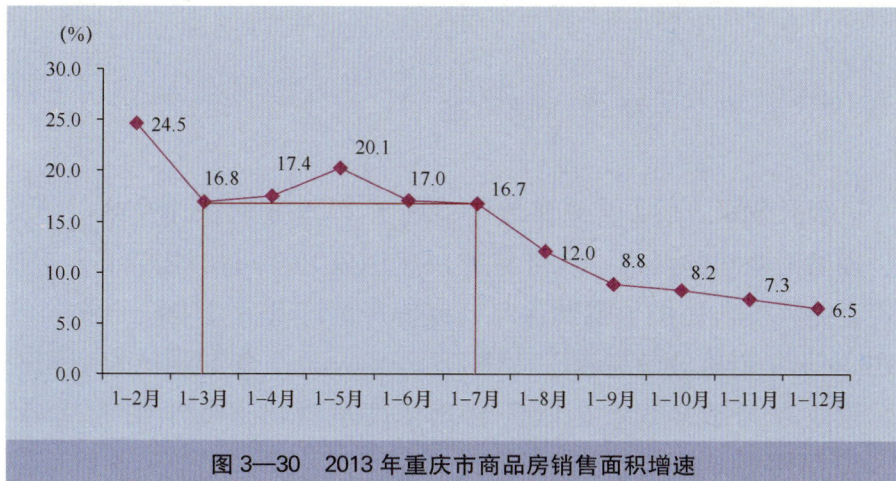

图 3—30　2013 年重庆市商品房销售面积增速

四、三大主要资金来源同时放缓，资金充裕度小幅下降

2013 年，房地产开发企业到位资金合计 5 846.84 亿元，比上年增长 14.5％，增速比上半年下降 5.6 个百分点，比前三季度下降 1.7 个百分点，其中本年到位资金 4 614.06 亿元，增长 19.1％，增速比上半年下降 16.8 个百分点，比前三季度下降 5.6 个百分点。

（一）三大主要资金来源同时放缓

国内贷款、自筹资金和其他资金三项资金来源占本年到位资金比重达 99％，一直是重庆房地产开发企业的主要资金来源，这些资金来源下半年均出现增速放缓态势，并导致全市到位资金总量增速放缓。其中，国内贷款 1 112.29 亿元，增长 54.3％，增速比上半年下降 22.4 个百分点；企业自筹资金 1 263.70 亿元，增长

6.8%，增速比上半年下降 5.3 个百分点；以定金和预收款、个人按揭款等回笼资金为主的其他资金 2 193.89 亿元，增长 12.6%，增速比上半年下降 21.2 个百分点。

（二）资金充裕度小幅下降

金融危机之后，全市房地产市场于 2009 年起快速复苏，一度呈现供销两旺的局面，现金流的快速回笼为全市房地产开发企业资金循环投入提供了强劲保障，致使房地产开发企业资金充裕度在 2011 年创历史最高水平，达 220.0%。2012 年起国家宏观调控政策效果开始显现，企业资金充裕度呈现出逐年下滑的趋势。2013 年房地产开发企业开发资金到位率为 194.1%，较 2012 年降低 9.6 个百分点（见表 3—11），资金充裕度小幅下降，2014 年全市房地产市场资金压力或将有所显现。

表 3—11　　　　近五年来重庆市房地产开发投资资金到位情况

年份	本年完成投资（亿元）	到位资金合计（亿元）	资金到位率（%）
2009	1 238.91	2 202.67	177.8
2010	1 620.26	3 439.37	212.3
2011	2 015.09	4 433.28	220.0
2012	2 508.35	5 108.30	203.7
2013	3 012.78	5 846.84	194.1

五、新划分功能区对优化房地产市场结构的促进作用渐显

2013 年 9 月，重庆市出台新功能区规划，五大功能区的功能定位、目标任务比较明确。重庆市经济发展的主战场相对集中在城市发展新区，势必会影响全市整个房地产市场的发展。在新功能区确定后的三个月，全市各区域房地产市场的投资、销售结构相应发生

了细微变化。2013 年全市投资和销售的重点仍然集中在城市功能核心区和拓展区，本年完成投资和商品房销售面积占比分别为 64.2%、48.0%，较前三季度均有下降；城市发展新区本年完成投资和商品房销售面积占比分别为 24.5% 和 29.8%，投资占比较前三季度增加 1.5 个百分点，销售面积占比减少 1.3 个百分点；渝东北生态涵养发展区本年完成投资和商品房销售面积占比分别为 8.1%、17.8%，投资占比减少 0.4 个百分点，销售占比增加 1.7 个百分点；渝东南生态保护发展区本年完成投资和商品房销售面积占比分别为 3.2%、4.4%，较前三季度均有下降。各种占比的细微调整透露出：五大功能区格局的形成对优化房地产市场结构的促进作用渐显。

（撰稿人：罗继明　屈磊旻）

◉ 成都

2013 年房地产市场运行情况

2013 年，成都房地产市场在以限购、限贷为代表的宏观调控政策的持续作用下，总体运行呈缓步下行态势。年初，开发投资、新开工和销售仍呈较快增长势头，但从二季度开始，房地产市场各指标显著下滑，特别是开发投资和销售面积增幅双双滑落至本年低位。

一、房地产市场运行特点

（一）开发投资震荡下行，非民间投资增长乏力

2013 年，成都房地产开发投资虽首次突破 2 000 亿元大关，达 2 111.25 亿元，比上年增长 11.8%，但投资增幅较往年大幅回落，

全年增幅分别较 2010 年、2011 年和 2012 年下降 23.6 个、13.1 个和 7.2 个百分点。

从分月情况看，房地产开发投资呈高开低走震荡下行态势，年初房地产投资增幅达 22.9%，但此后增幅一路下行，一季度、上半年和前三季度投资增幅分别下滑至 17.4%、16.0% 和 15.7%。全年增幅比年初高位回落 11.1 个百分点（见图 3—31）。

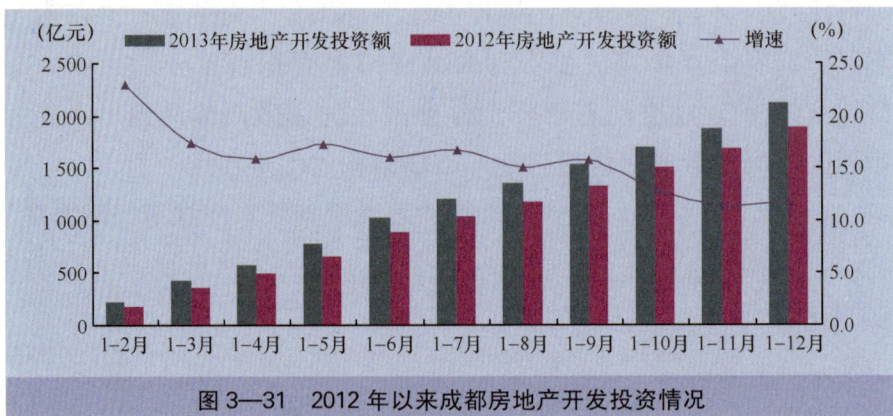

图 3—31　2012 年以来成都房地产开发投资情况

1. 民间投资增幅明显快于国有投资

从投资主体看，民间投资增长较快。2013 年，成都房地产开发投资中，民间投资完成 1 529.46 亿元，增长 24.9%，增幅较开发投资高 13.1 个百分点，民间投资占比为 72.4%，较 2012 年提高 7.6 个百分点。与此同时，国有投资则呈快速下降态势，全年国有企业完成投资 42.41 亿元，下降 29.8%。民间投资的快速增长难以扭转开发投资下行颓势，受非民间投资增长乏力的影响，全年开发投资增长仍旧保持相对较低水平。

2. 内资企业拉动投资增长

2013 年，成都内资企业完成投资 1 763.32 亿元，增长 17.2%，占比为 83.5%，较 2012 年提高 3.9 个百分点，对开发投资增长贡献率达 173.8%，拉动开发投资增长 13.7 个百分点；港澳台资企业完成投资 148.33 亿元，下降 18.1%，占比为 7.0%，下降 2.6 个百分点；外商完成投资 198.62 亿元，下降 2.7%，占比为 9.4%，下降 1.3 个百分点。

（二）施工面积、新开工面积增速减缓，竣工面积明显下降

2013 年，成都商品房建设规模承接上年度的较大存量，在新开工面积持续增长的作用下，施工面积继续突破历史高位，并保持小幅增长。全年施工面积 15 239.30 万平方米，增长 7.7%，增幅较上半年回落 3.5 个百分点。其中新开工面积为 4 051.46 万平方米，增长 13.5%，增幅回落 22.4 个百分点；竣工面积 1 879.65 万平方米，下降 10.8%，增幅回落 35.9 个百分点（见表 3—12）。

分月看来，施工面积增幅较为平稳，新开工和竣工面积增幅均呈逐月回落态势，竣工面积更是从年初的增长 56.4%一路回落到年末的下降 10.8%，增幅回落 67.2 个百分点。

表 3—12　　　　　　　　　2013 年成都市房屋建设情况

按用途分	施工面积		新开工面积		竣工面积	
	绝对数（万平方米）	增速（%）	绝对数（万平方米）	增速（%）	绝对数（万平方米）	增速（%）
总计	15 239.30	7.7	4 051.46	13.5	1 879.65	−10.8
住宅	10 106.90	2.6	2 551.35	13.8	1 353.09	−14.9
办公楼	791.57	3.7	178.57	−37.8	86.70	−20.0
商业营业用房	1 775.55	20.4	561.41	23.1	153.40	5.2

（三）商品房销售增幅持续回落

2013 年，成都商品房销售市场在一季度短暂活跃后，受住宅销售增速放缓的影响，增幅上行乏力，自二季度始持续呈快速回落态势。全年销售商品房 2 950.13 万平方米，增长 3.7%，实现销

售额 2 123.12 亿元，增长 2.4%。其中，销售住宅 2 555.81 万平方米，增长 5.4%，实现销售额 1 714.32 亿元，增长 5.9%；销售办公楼 106.03 万平方米，下降 28.4%，实现销售额 107.04 亿元，下降 21.5%；销售商业营业用房 174.16 万平方米，增长 0.8%，实现销售额 257.43 亿元，下降 8.5%。

1. 从分季销售形势看，商品房销售增幅呈逐月下滑趋势

全年商品房销售增幅分别较一季度、上半年和前三季度回落 30.5 个、15.5 个和 14.7 个百分点。

2. 从区域增幅看，全市三个圈层①销售增幅均呈全线回落格局

一圈层销售增幅更是从一季度的 25.2% 跌落至负增长区间。与本年高位一季度相比，一、二、三圈层销售增幅分别回落 29.4 个、35.9 个和 14.3 个百分点。从区域总量和占比看，二圈层遥遥领先，总量超过一圈层跃居全市第一，占比为 51%，增速为 9.3%，比全市增速高 5.6 个百分点（见表 3—13）。

表 3—13　　　　　　　　2013 年成都商品房销售分圈层情况表

按区域分	一季度		上半年		前三季度		全年	
	面积（万平方米）	增速（%）	面积（万平方米）	增速（%）	面积（万平方米）	增速（%）	面积（万平方米）	增速（%）
全市总计	590.69*	34.2	1 398.31*	19.2	2 188.49*	18.4	2 950.13*	3.7
一圈层	191.29	25.2	477.64	2.4	751.51	4.9	1 031.71	−4.2
二圈层	304.54	45.2	711.43	32.6	1 135.66	31.4	1 504.09	9.3
三圈层	93.66	21.5	204.48	22.5	293.97	16.3	405.41	7.2

注：＊此处数据与各圈层之和不符，系统计方法不同造成。

3. 从销售分布看，房地产销售市场逐步向大企业集中

2013 年，全市有在销楼盘的 830 家房地产企业中销售前 100

---

① 三个圈层分别为：一圈层：高新区、锦江区、青羊区、金牛区、武侯区、成华区；二圈层：龙泉驿区、青白江区、新都区、温江区、双流县、郫县；三圈层：大邑县、蒲江县、新津县、都江堰市、彭州市、邛崃市、崇州市、金堂县。

位的累计销售面积达 1 295.28 万平方米，占全部销售面积的比重达 43.9％。但也要看到全市销售面积在 3 万平方米以下的房地产企业达 501 家，其中 260 家销售面积在 1 万平方米以下。预计随着房地产市场发展逐步规范化和土地招拍挂价格的进一步上涨，房地产市场的集中度仍将不断提高，本土的中小房地产开发企业将面临生存问题。

（四）房地产销售价格继续保持上涨态势

2013 年，成都新建住宅销售价格同比指数为 109.7，在全国 70 个大中城市中列第 33 位。从分月情况看，自年初以来成都新建住宅销售价格始终保持上涨态势，特别是同比指数，整体呈逐月攀升态势，年末较年初提高 8.2 点（见表 3—14）。

表 3—14　　　　　　　2013 年成都市新建住宅价格指数

	1月	2月	3月	4月	5月	6月	7月	8月	9月	10月	11月	12月
环比指数	101.0	100.8	100.9	101.8	101.0	100.9	100.3	100.8	100.6	100.4	100.6	100.2
同比指数	101.5	102.3	103.4	105.4	106.8	107.7	107.7	108.6	109.1	109.6	109.8	109.7

（五）到位资金快速增长，资金保障度较年初有所回落

2013 年，成都房地产开发到位资金 3 093.59 亿元，增长 21.8％，高出开发投资增幅 10 个百分点。开发投资资金保障度为 1.47，虽高于 2012 年的 1.34，但较年初的 3.0 下降显著。

从类型看，国内贷款到位 514.55 亿元，增长 53.9％；利用外资到位 32.33 亿元，增长 90.9％；自筹资金到位 1 110.66 亿元，增长 18.2％；其他资金到位 1 436.06 亿元，增长 14.9％。其他到位资金中，定金及预收款到位 942.95 亿元，增长 24.0％。

（六）土地成交量有所萎缩，土地价格上扬势头明显

据成都国土资源管理部门提供的数据，2013 年，成都房地产用地成交面积为 1 117.15 万平方米，下降 18.0％；房地产用地成交金额为 656.44 亿元，增长 12.4％。从绝对价格看，2013 年房地产用地成交平均单价为 392 万元/亩，较 2012 年提高 106 万元，上涨幅度达 37.1％。

从季度成交情况看，土地市场与房地产市场走势相似，全年呈现逐步回落态势，年末成交面积和成交金额增长双双回落至本年低位，较一季度高位分别回落 25.2 个和 74.4 个百分点（见表 3—15）。

表 3—15　　　　　2013 年成都房地产用地成交情况表

指标	一季度		上半年		前三季度		全年	
	绝对数	增速（％）	绝对数	增速（％）	绝对数	增速（％）	绝对数	增速（％）
成交面积（万平方米）	321.18	7.2	520.84	3.7	730.37	−11.0	1 117.15	−18.0
成交金额（亿元）	145.16	86.8	222.16	41.6	399.52	21.6	656.44	12.4

二、当前房地产市场运行中需注意的问题

（一）销售压力开始显现，"一成首付"重现市场

2013 年，房地产开发企业的融资成本明显提升。为提高资金周转速度，从运营环节谋取利益是当前市场形势下的最佳途径。下半年以来，恒大地产、蓝光地产、中国水电地产、金科地产、中信地产、建发房产、荣盛地产等多家开发企业都相继打出了"低首付"的营销牌。"一成首付"极大地刺激带动了成交，但同时也拉长了置业者的还款周期，增加了潜在风险。

（二）刚需购房意愿受到抑制

随着下半年多数银行贷款发放计划的基本完成，一手房首次房贷利率优惠等政策已不复存在，首套房贷款基准利率调高甚至上浮 15%，无疑使资金并不宽裕的首套房群体购房成本增加，还款负担加重，不利于当前刚需支撑的房地产市场的发展。被抑制的刚性需求一旦在后期集中释放，势必推动商品房价格的攀升，增加房地产市场潜在风险。

三、对 2014 年形势的判断

纵观 2013 年，随着稳健货币政策的延续和产业结构的加快调整，经济整体发展步伐逐步趋稳。短期内房地产市场进一步调控的可能性不大。但随着房产税征收预期的不断加重，房地产销售市场观望氛围在一定程度上影响了房地产商的开发积极性，房地产开发企业对未来市场持谨慎态度，不足以支撑房地产市场的大幅回暖。因此，预计 2014 年房地产市场将延续 2013 年走势，持续稳中下行。

（撰稿人：李　洁）

◉ 西安

2013 房地产市场运行情况

2013 年，在稳增长、促转型、努力开创全面建设具有历史文化特色的国际化大都市的新局面的总体要求下，西安市继续严格执行限购、限贷等房地产调控政策，房地产开发市场在经历了3月新"国五条"政策出台的短时波动后迅速回升。随着宏观经济基本面的好转，市场运行环境趋于利好。房地产开发企业资金压力有效缓解，房地产开发投资较快增长，商品房销售良好，销售价格指数一路走高，但也出现了项目施工进度放缓，新开工面积和竣工面积双双下降的不利因素。

一、市场基本情况

（一）房地产开发投资较快增长

12月，全市在库房地产项目728个，较上年增加39个。所有项目本年实际完成投资1 573亿元，比上年增长23.8%，增速比2012年回落3.7个百分点，比前三季度和上半年分别回落6.2个和11.2个百分点（见图3—32）。

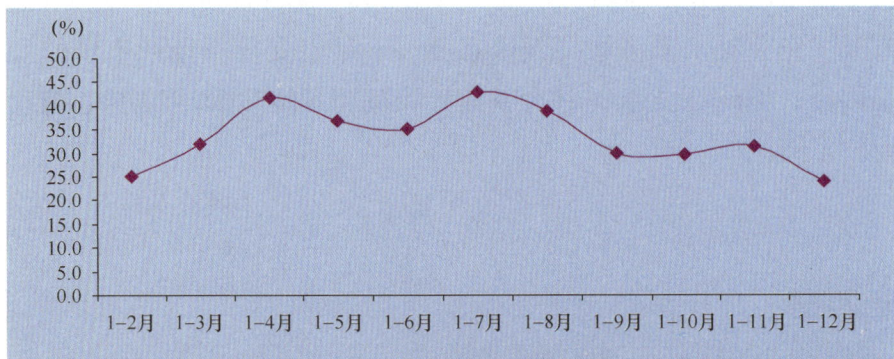

图3—32　2013年西安市房地产开发投资增长情况

房地产开发投资保持较快增长，主要得益于以下两大动力：

一是新增项目带动作用明显。全年新增房地产项目176个，共完成开发投资534亿元，占全市房地产开发投资的33.9%，对全市房地产开发投资的拉动作用明显。绿地曲江名城、中环国际城、中海城一期、华东万和城等项目，当年完成投资均超过 10 亿元，成为带动西安市投资增长的重要力量。

二是非住宅开发投资快速增长。随着办公楼和商业营业用房施工规模不断扩大，全市非住宅开发投资 346 亿元，比上年增长 30.2%，增幅高于房地产开发投资 6.4 个百分点，占房地产开发投资的比重由 2012 年的 21.0%上升至 22.0%，大大推动了全市房地产开发投资的增长。

企业开发资金压力有效缓解。随着房地产市场运行环境的好转及融资渠道的畅通，房地产开发企业资金压力有效缓解，2013 年全年房产开发贷款余额 529 亿元，比上年增长 31.8%，增速比 2012 年提高 10.1 个百分点，房地产企业的开发类贷款增速的持续稳步增长，有效地支持了房地产市场资金需求，稳定了房地产企业开发资金保障度（反映房地产市场资金充裕程度，即本年到位资金/本年开发投资）。截至 12 月，开发企业本年到位资金 1 873 亿元，资金保障度由年初的 2.2 降至 6 月的 1.2，并且持续 7 个月保持在 1.2，企业开发资金压力有效缓解并趋于稳定（见表 3—16）。

表 3—16　　　2013 年西安市房地产企业开发投资资金保障度

	1—2 月	1—3 月	1—4 月	1—5 月	1—6 月	1—7 月
本年到位资金（亿元）	257.20	374.27	508.82	647.98	892.16	1 067.81
本年开发投资（亿元）	115.76	207.08	323.59	475.98	706.08	856.82
保障度	2.2	1.8	1.6	1.4	1.2	1.2
	1—8 月	1—9 月	1—10 月	1—11 月	1—12 月	
本年到位资金（亿元）	1 214.27	1 360.99	1 516.13	1 739.94	1 872.82	
本年开发投资（亿元）	990.81	1 116.79	1 279.45	1 492	1 572.65	
保障度	1.2	1.2	1.2	1.2	1.2	

（二）三大因素促进商品房销售良好，但增幅回落

截至 12 月，西安市新建商品房销售面积 1 633 万平方米，比

上年增长 6.5%。西安市商品房销售从 2012 年持续负增长以来，2013 年 1—3 月由负转正，并于上半年达到增长最高点（38.7%），下半年增幅逐月回落（见图 3—33）。

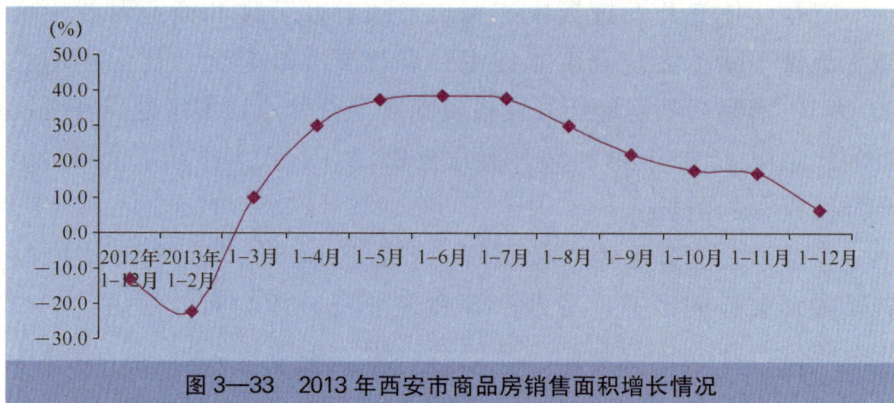

图 3—33　2013 年西安市商品房销售面积增长情况

商品房销售良好的三大因素：

一是政策环境较为宽松。房地产市场自 2011 年的强力调控到 2012 年的调控政策不放松，西安市场销售量处于低位运行，需求大量被积压。进入 2013 年以来，在相对宽松的宏观环境下，前期积累的需求开始集中释放，市场全面复苏，行业投资环境全面回暖、商品房成交量持续回升。

二是住宅销售比重提升。2013 年，全市销售住宅 1 496 万平方米，占全部商品房销售面积的 91.6%，较 2012 年提高 1.6 个百分点，而办公楼和商业营业用房比重分别回落 1.7 个和 0.6 个百分点。西安作为西北地区经济中心，城市规模扩大、人口增加、产业结构升级、城市交通延伸，教育资源的得天独厚等有利因素有效增加了自住性需求。刚性需求和改善型需求是推高市场销量的重要原因。

三是品质楼盘助推销售增长。2013 年，在楼市回暖情况下，品牌房企积极推出高品质楼盘，抢占市场份额。上海绿地、龙湖、万科、天朗等企业全年销售量均已翻番，助推西安房地产销售增长。

房屋销售价格指数一路走高（见图 3—34）。2013 年 12 月，新建商品住宅销售价格同比创新高，上涨 10.9%，自 2012 年 8 月以来连续 17 个月上涨。从环比看，西安新建商品住宅销售价格涨幅从 7 月以后显现收窄趋势，全年平均涨幅为 0.9%，12 月环比微涨 0.6%。

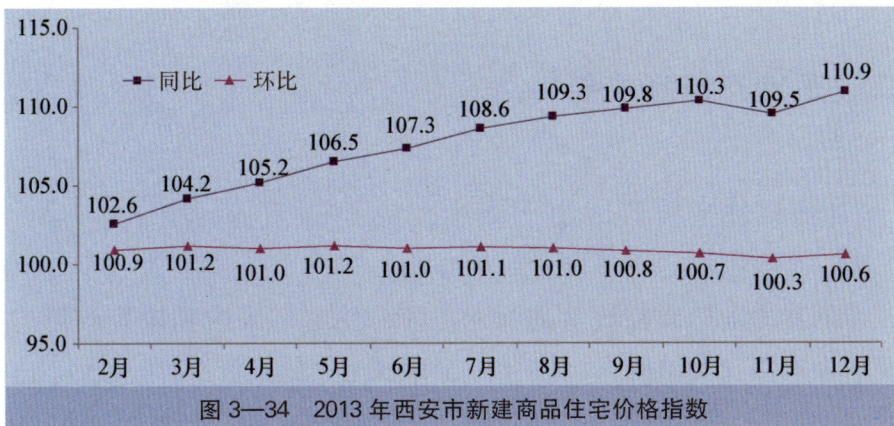

图 3—34　2013 年西安市新建商品住宅价格指数

二手房市场持续劲销，住宅价格涨势趋稳。2013 年初，新"国五条"政策出台，购房者赶搭"末班车"，使得二手房交易异常火爆。截至 12 月，全市销售二手房 243 万平方米，比上年末增长 71.0%，增幅比 2012 年提高 68.3 个百分点。

12 月，二手住宅销售价格同比上涨 5%，涨幅较上月微升 0.1 个百分点，环比上涨 0.3%，较上月略降 0.1 个百分点。从 15 个副省级城市看，15 个城市二手住宅价格环比、同比均上涨。环比价格涨幅最高为哈尔滨（0.8%），西安与南京并列第 11 位。同比价格涨幅深圳（14.8%）、广州（12.3%）、武汉（8.5%）稳居前三甲，西安（5%）位列第八位。

（三）土地供应量跌价涨

西安市 2013 年前三季度供应房地产开发用地 255 宗，面积合计 11 735 亩，占供应总量的 32.6%，供应量较 2012 年同期下降

11%。从房地产开发用地供应结构来看，商服用地供应量比 2012 年同期大幅上涨，涨幅高达 66.9%；住宅用地供应量则下降 29.6%。各类房地产用地地价均保持上涨态势，商业用地地价环比上涨 1.8%，住宅用地地价环比上涨 1.4%。

二、房地产市场主要特点

（一）住宅投资比重下降

随着房地产调控政策的深入，商品住宅的限购和限贷政策迫使房企调整投资结构。2013 年，全市住宅完成投资 1 226 亿元，占比 77.8%，较 2012 年回落 1.1 个百分点，住宅投资增幅为 22.2%，低于房地产开发投资增幅 1.6 个百分点。

（二）地铁沿线项目销售火爆

西安地铁 2 号线的开通，在极大地改善市民出行条件的同时，也催热了南北轴线的楼市，拉动了沿线商圈的发展。2013 年 9 月地铁 1 号线的开通更提高了西安东西轴线上楼盘的升值潜力和销售量。华润二十四城、御锦城、巨威·大秦郡、天伦御城龙脉等地铁沿线项目销售不俗，尤其是御锦城项目的销售量较上年增长 79.4%。

（三）重点发展区发展迅速

随着城市化进程的加快和居住环境的明显改善，西安市重点发展区（临潼区、阎良区和高陵县）的房地产市场发展迅速。

2013 年，重点发展区完成房地产开发投资 55 亿元，占全市的比重较上年提高 0.3 个百分点，比上年增长 25.8%，增幅高于全市 2 个百分点；销售商品房 102 万平方米，占全市销售面积的比重提高 0.4 个百分点，增长 20.1%，增幅高于全市 13.6 个百分点。

三、当前房地产市场需关注的问题

（一）项目施工进度放缓

截至 12 月，全市房地产施工面积比上年增长 4.1%，增速比 2012 年回落 16.0 个百分点，比前三季度和上半年分别回落 6.4 个和 11.4 个百分点；新开工面积下降 9.7%，降幅较前三季度扩大 4.1 个百分点，上半年为增长 11.6%。房屋施工面积和新开工面积双双回落，房地产项目建设进度放缓，全年竣工面积下降 25.2%，预计将加大后市供需矛盾。

（二）房地产开发低资质企业占比较高，企业实力有待提高

西安房地产开发企业数量逐年增多，并逐步向高资质等级方向发展，但企业素质良莠不齐，小规模、低资质企业仍占较大比例。截至 12 月末，全市在库房地产开发企业共 662 家，其中，一级资质企业 22 家，二级资质企业 84 家，三级资质企业 145 家，四级资质企业 203 家，暂定级和其他企业 208 家。三级及三级以上较高资质企业仅占房地产开发企业总数的 37.9%，较 2012 年回落 2.4 个百分点。四级及四级以下低资质和无资质企业占比较高，达到 62.1%。

（三）个人住房贷款余额增长，但增速放缓

2013 年，各金融机构发放购房贷款余额 1 593 亿元，比上年增长 19.3％，增幅比 2012 年回落 3.2 个百分点。其中企业购房贷款余额 19 亿元，占 1.2％，个人购房贷款余额 1 576 亿元，占 98.8％。其中全年个人住房贷款余额为 1 460 亿元，增长 18.4％，增幅与 2012 年基本持平。从趋势上看，全年购房贷款和个人住房按揭贷款余额一直保持增长态势，个人住房按揭贷款增幅从 7 月以来出现逐月回落态势。

四、2014 年房地产市场展望

2014 年，在宏观经济和货币信贷平稳增长、房地产调控政策整体平稳的背景下，随着新型城镇化的推进，西安市房地产市场将继续保持健康平稳发展态势，开发投资继续增长但增速放慢，销售面积持续向好，企业开发资金宽裕，房价稳中有升。

（撰稿人：黄晓丹　康　敏）

第四部分

2013 年房地产市场
政策回顾

2013 年初，新"国五条"及其细则出台，明确了中央继续坚持房地产调控不动摇的决心。下半年，党的十八届三中全会的召开将政府工作重心明确为全面深化改革，强调处理好政府和市场的关系，使市场在资源配置中起决定性作用。土地制度、财税体制改革以及新型城镇化建设的稳步推进，促进了房地产市场调控长效机制的建立健全。总体上，2013 年房地产市场政策面较为平稳，政策诉求趋向长期化，地方政策、地方调控的灵活性和自主性有所增加。

一、新"国五条"出台，意在稳定市场预期

2013 年初，房地产市场销售火热，2 月 20 日，国务院召开常务会议研究部署房地产市场调控工作，会议提出完善稳定房价工作责任制、坚决抑制投机投资性购房、增加普通商品住房及用地供应、加快保障性安居工程规划建设和加强市场监管五个方面的政策措施（"国五条"）。会议再次重申坚持执行以限购、限贷为核心的调控政策，坚决打击投资投机性购房，在继 2011 年之后再次提出要求各地公布年度房价控制目标。3 月 1 日，国务院办公厅出台了《关于继续做好房地产市场调控工作的通知》（国办发〔2013〕17 号）（"国五条"实施细则，见表 4—1），旨在释放继续调控房地产的信号，强调政策的连续性，稳定市场预期。

表 4—1　　　　　　　　　　"国五条"实施细则的主要内容

完善稳定房价工作责任制	制定住房价格控制目标：各直辖市、计划单列市和省会城市（除拉萨外），要按照保持房价基本稳定的原则，制定本地区年度新建商品住房（不含保障性住房，下同）价格控制目标，并于一季度向社会公布。 问责和约谈：对执行住房限购和差别化住房信贷、税收等政策措施不到位、房价上涨过快的，要进行约谈和问责。

坚决抑制投机投资性购房	继续严格执行商品住房限购措施。 继续严格实施差别化住房信贷政策。 充分发挥税收政策的调节作用：对出售自有住房按规定应征收的个人所得税，通过税收征管、房屋登记等历史信息能核实房屋原值的，应依法严格按转让所得的 20% 计征。
增加普通商品住房及用地供应	原则上 2013 年住房用地供应总量应不低于过去 5 年平均实际供应量。 建立中小套型普通商品住房建设项目行政审批快速通道。
加快保障性安居工程规划建设	全面落实 2013 年城镇保障性安居工程基本建成 470 万套、新开工 630 万套的任务。 强化规划统筹。 加强分配管理。
加强市场监管和预期管理	提高商品房预售门槛。 加强房地产企业信用管理。 加强市场监测和研究分析。
加快建立和完善引导房地产市场健康发展的长效机制	各有关部门要加强基础性工作，加快研究提出完善住房供应体系、健全房地产市场运行和监管机制的工作思路和政策框架，推进房地产税制改革，完善住房金融体系和住房用地供应机制，推进住宅产业化，促进房地产市场持续平稳健康发展。

二、党的十八届三中全会召开，强调深化改革

2013 年 11 月 9 日至 12 日，党的十八届三中全会在北京召开，会议审议通过了《中共中央关于全面深化改革若干重大问题的决定》（简称《决定》）。《决定》强调进行全面深化改革，并指出经济体制改革是全面深化改革的重点，核心问题是处理好政府和市场的关系，使市场在资源配置中起决定性作用和更好发挥政府作用。虽然《决定》中并未明确提及房地产业，但由于房地产的社会经济关联性，宏观层面和外部领域的改革会不同程度地作用于房地产行业，房地产政策也将呈现出一些新特点。《决定》已经清晰描绘了财税、土地、金融等诸多方面的改革轮廓（见表 4—2），也将从顶层设计上为房地产业长期健康发展指明方向。未来政府

将更多地集中在房地产民生保障领域发挥作用，而由市场来满足居民日趋多样化的住房需求和优化商业、养老、文化等其他结构地产的资源配置。只有坚持市场化改革方向，才能充分激发市场活力，满足多层次住房需求。回归市场化方向，强调研究住房建设的规律性问题，建立统一、规范、成熟、稳定的住房供应体系，也显示着房地产政策的短期化倾向于被长期化代替。

表 4—2　　　　　　　《决定》中关于财税、土地、金融、城镇化改革的内容

财税	完善税收制度。深化税收制度改革，完善地方税体系，逐步提高直接税比重。 加快房地产税立法并适时推进改革，加快资源税改革，推动环境保护费改税。 加快建立国家统一的经济核算制度，编制全国和地方资产负债表，建立全社会房产、信用等基础数据统一平台，推进部门信息共享。
土地	建立城乡统一的建设用地市场。在符合规划和用途管制前提下，允许农村集体经营性建设用地出让、租赁、入股，实行与国有土地同等入市、同权同价。 保障农户宅基地用益物权，改革完善农村宅基地制度。 从严合理供给城市建设用地，提高城市土地利用率。
金融	允许社会资本通过特许经营等方式参与城市基础设施投资和运营，研究建立城市基础设施、住宅政策性金融机构。
城镇化	坚持走中国特色新型城镇化道路，推进以人为核心的城镇化，推动大中小城市和小城镇协调发展、产业和城镇融合发展，促进城镇化和新农村建设协调推进。优化城市空间结构和管理格局，增强城市综合承载能力。

三、长效机制建立，土地、财税政策先行

（一）土地政策：深化土地管理制度改革，推进城乡建设用地市场一体化

2013 年 1 月，国务院公布中央一号文件，连续 10 年聚焦三农，提出改革农村集体产权制度，建立归属清晰、权能完整、

流转顺畅、保护严格的农村集体产权制度。要全面开展农村土地确权登记颁证工作。加快推进征地制度改革，要加快修订土地管理法，尽快出台农民集体所有土地征收补偿条例。完善征地补偿办法，合理确定补偿标准，严格征地程序，约束征地行为，补偿资金不落实的不得批准和实施征地。改革和完善农村宅基地制度，加强管理，依法保障农户宅基地使用权。依法推进农村土地综合整治，严格规范城乡建设用地增减挂钩试点和集体经营性建设用地流转。农村集体非经营性建设用地不得进入市场。

党的十八届三中全会通过的《决定》明确提出：在符合规划和用途管制前提下，允许农村集体经营性建设用地出让、租赁、入股，实行与国有土地同等入市、同权同价。缩小征地范围，规范征地程序，完善对被征地农民合理、规范、多元保障机制。扩大国有土地有偿使用范围，减少非公益性用地划拨。建立兼顾国家、集体、个人的土地增值收益分配机制，合理提高个人收益。完善土地租赁、转让、抵押二级市场。

（二）货币政策：落实差别化信贷，推进金融改革

2013 年 1 月 10 日，中国人民银行工作会议在京召开，定调继续实施稳健的货币政策，进一步深化金融重点领域改革，坚持市场化取向，推动金融市场规范发展。4 月，中国银监会下发《关于银行业服务实体经济的指导意见》，就银行业在信贷投放上支持扩大内需方面，意见要求，推进消费信贷业务发展，支持居民家庭首套自住购房、大宗耐用消费品、教育、文化、旅游等消费信贷需求；推进消费金融公司试点；支持中小套型普通商品住房建设。按照风险可控、商业可持续原则，支持保障性安居工程建设。

7 月 5 日，国务院办公厅发布《关于金融支持经济结构调整和转型升级的指导意见》（国办发〔2013〕67 号），提出进一步发展消费金融促进消费升级，积极满足居民家庭首套自住购房等合理信贷需求，同时要严密防范金融风险，认真执行房地产调控政策，落实差别化住房信贷政策，加强名单制管理，严格防控房地产融资风险。

（三）税收政策：加快房地产税立法，延续保障房税收减免

1. 房地产税立法提上日程

2013 年 7 月，国家税务总局下发《关于转变职能 改进作风更好服务大局的通知》（税总发〔2013〕74 号），研究扩大个人住房房产税改革试点范围。通知要求进一步加强税收信用体系建设，探索建立纳税信用评价规则、信用记录公开查询和社会共享制度。

党的十八届三中全会通过的《决定》提出深化税收制度改革，完善地方税体系，逐步提高直接税比重，逐步建立综合与分类相结合的个人所得税制，加快房地产税立法并适时推进改革，这是中央文件中首次提及房地产税立法的问题。

2. 保障房税收减免延续

2013 年 1 月，财政部下发《关于做好 2013 年城镇保障性安居工程财政资金安排等相关工作的通知》，通知列举了严格按照规定渠道筹集城镇保障性安居工程财政资金、采取投资补助或贷款贴息方式支持企业参与公共租赁住房建设运营管理、切实落实城镇保障性安居工程涉及的税费优惠政策、严格按照城镇保障性安居工程项目进度及时拨付财政资金、加强廉租住房和公共租赁住房租金"收支两条线"管理、选择部分市县开展城镇保障性安居工程绩效评价试点六大保障举措，对保障性安居工程的财政支持保持延续。

7 月，《国务院关于加快棚户区改造工作的意见》（国发〔2013〕

25 号）正式发布，意见指出对棚户区改造工作要落实税费减免政策。对棚户区改造项目，免征城市基础设施配套费等各种行政事业性收费和政府性基金。落实好棚户区改造安置住房税收优惠政策，将优惠范围由城市和国有工矿棚户区扩大到国有林区、垦区棚户区。电力、通讯、市政公用事业等企业要对棚户区改造给予支持，适当减免入网、管网增容等经营性收费。

（四）市场监管政策：整合不动产登记，国土资源部成为主导部门

2013 年 3 月，《国务院办公厅关于实施〈国务院机构改革和职能转变方案〉任务分工的通知》提出 2013 年 4 月底前完成整合房屋登记、林地登记、草原登记、土地登记的职责；2014 年 6 月底前出台并实施不动产登记条例。11 月 20 日，国务院总理李克强主持召开国务院常务会议，会议指出，整合不动产登记职责、建立不动产统一登记制度，是国务院机构改革和职能转变方案的重要内容，也是完善社会主义市场经济体制、建设现代市场体系的必然要求。会议决定，将分散在多个部门的不动产登记职责整合由一个部门承担，理顺部门职责关系，减少办证环节，减轻群众负担。一是由国土资源部负责指导监督全国土地、房屋、草原、林地、海域等不动产统一登记职责，基本做到登记机构、登记簿册、登记依据和信息平台"四统一"。二是建立不动产登记信息管理基础平台，实现不动产审批、交易和登记信息在有关部门间依法依规互通共享，消除"信息孤岛"。三是推动建立不动产登记信息依法公开查询系统，保证不动产交易安全，保护群众合法权益。会议要求，各有关部门要加强对各地职责整合工作的指导，加快清理相关规章制度，做好有关事项的整理交接，确保不动产登记职责整合工作有序、平稳推进。

（五）推进以人为核心的新型城镇化

2013 年 9 月 6 日，国务院印发《关于加强城市基础设施建设的意见》（国发〔2013〕36 号），指出加强城市基础设施建设，要围绕推进新型城镇化的重大战略部署，保障城市基础设施和公共服务设施供给，提高设施水平和服务质量，满足居民基本生活需求。在以人为本的主旨下进一步加强户籍、保障房、养老等相关工作。

1. 棚户区改造成为保障安居工程新重点

7 月，《国务院关于加快棚户区改造工作的意见》指出，棚户区改造是重大的民生工程和发展工程。要遵循科学规划，分步实施；政府主导，市场运作；因地制宜，注重实效；完善配套，同步建设的基本原则，全面推进各类棚户区改造。同时提出多渠道筹措资金、确保建设用地供应、落实税费减免政策、完善安置补偿政策等措施，加大政策支持力度。2008 年至 2012 年，全国改造各类棚户区 1 260 万户，有效改善了困难群众住房条件，缓解了城市内部二元矛盾，提升了城镇综合承载能力，促进了经济增长与社会和谐。

8 月，国家发改委下发《关于企业债券融资支持棚户区改造有关问题的通知》（发改办财金〔2013〕2050 号），对专项用于棚户区改造项目发债募集资金额度比例放宽至总投资的 70%，鼓励有条件的市、县政府对棚户区改造项目给予债券贴息。并明确鼓励企业发行"债贷组合"专项债券用于棚户区改造项目建设。

12 月召开的政治局会议、中央经济工作会议均提出做好住房保障工作是未来的一项重要任务，指出要努力解决好住房问题，探索适合国情、符合发展阶段性特征的住房模式，加大廉租住房、公共租赁住房等保障性住房建设和供给，做好棚户区改造。2014 年城镇保障性安居工程建设的目标任务是基本建成 480 万套以上，新开工 600 万套以上，其中棚户区改造 370 万套以上。

2. 中央指引建立养老服务业

9 月，《国务院关于加快发展养老服务业的若干意见》（国发〔2013〕35 号）出台，指出以政府为主导，发挥社会力量作用，支持社会力量举办养老机构。通过完善投融资政策，吸引更多民间资本，培育和扶持养老服务机构和企业发展，同时制定支持发展养老服务业的土地政策、税费优惠政策和补贴支持政策，吸引社会力量加入，建立养老服务体系。完成"到 2020 年，全面建成以居家为基础、社区为依托、机构为支撑的，功能完善、规模适度、覆盖城乡的养老服务体系"的发展目标。

四、地方调控更加灵活

2013 年下半年以来，新一届政府着力建立健全长效机制，维持宏观政策稳定，党的十八届三中全会将政府工作重心明确为全面深化改革，不动产登记、保障房建设等长效机制工作继续推进，而限购、限贷等调控政策更多交由地方政府决策。不同城市由于市场走势分化，政策取向也各有不同，北京、上海等热点城市陆续出台措施，如"京七条"、"沪七条"、"深八条"、"穗六条"等平抑房价上涨预期，而温州、芜湖等市场持续低迷的城市，在不突破调控底线的前提下，微调当地调控政策以促进需求释放。

中央经济工作会议指出，做好 2014 年经济工作，要坚持稳中求进，统筹稳增长、调结构、促改革，保持经济增速在合理区间平稳运行；要把握好经济社会发展预期目标和宏观政策的黄金平衡点，不断完善调控方式和手段。要紧紧围绕使市场在资源配置中起决定性作用深化经济体制改革，着力在重要领域和关键环节取得实质进展。由此可见，在全面深化改革的大背景下，税收、土地、金融等要素改革的逐步落实，将促进房地产长效机制的建立和健全，房地产政策也将更加强调市场的作用，同时不断完善调控的方式和手段，旨在促进房地产市场的长期健康发展。

第五部分

2013 年全球房地产
市场形势分析

2013 年，世界经济整体呈现缓慢复苏态势。美国经济加速复苏，欧洲经济有望摆脱衰退，亚太各主要国家（地区）经济保持较快增长。经济形势向好带动全球主要经济体房地产市场形势趋好。

一、美国房地产市场强劲复苏

2013 年，美国建筑市场加速回暖，销售量和房价稳定回升，房地产市场呈现强劲复苏态势。

（一）建筑商信心大幅提升，新房开工量持续增长

2013 年，美国建筑商信心指数屡创新高，从 1 月的 47 升至 12 月的 58，2013 年 6 月开始持续保持在 50 临界点之上（见图 5—1），显示出建筑商普遍看好未来房地产市场发展。新房开工数量直线上升。2013 年，新房开工 92 万套，比上年增长 18.2％，连续 4 个月增长。全年发放建筑许可证 98 万套，比上年增长 17.5％。新房开工和建筑许可证发放数量均已超过 2008 年水平。按折年率计算，新房开工量从 1 月的 89.8 万套增加到 11 月的 110.7 万套（见图 5—2）。

（二）销售量继续增加，库存压力不断得到释放

2013 年，销售量显著增加，共销售现房 509 万套，比上年增长 9.2％，连续三年增加，已经接近金融危机前 560 万套的水平。

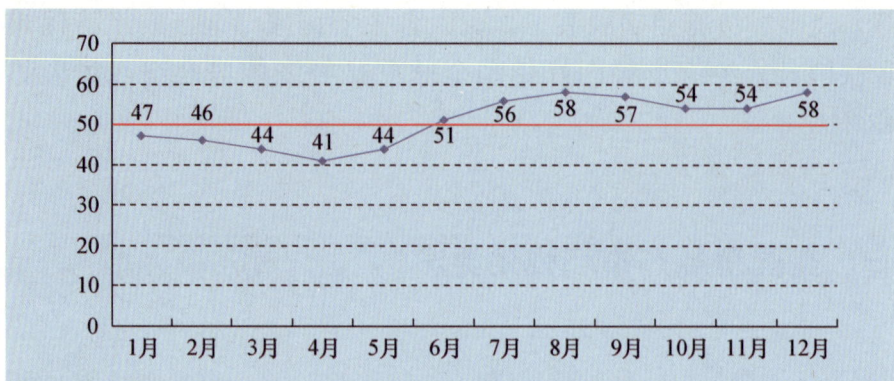

图 5—1　2013 年美国建筑商信心指数

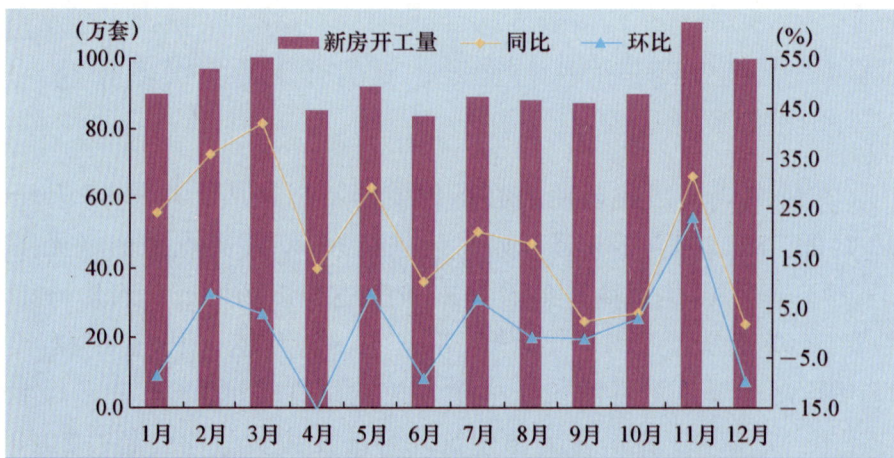

图 5—2　2013 年美国新房开工数量变化（按折年率计算）

全年新房销售量从上年的 36.8 万套增加到 42.8 万套，增长 16.3%，连续两年增加（见图 5—3）。库存压力继续得到释放。2013 年，现房存量房数量为 208 万套，明显低于 2007 年 397 万套的水平。2013 年 12 月，待售现房和新房可供销售月数分别降至 4.6 个和 5.0 个月（见图 5—4），均继续保持在 6 个月的健康水平之下。

（万套）　　　　　销售量　　同比　　环比　　（%）

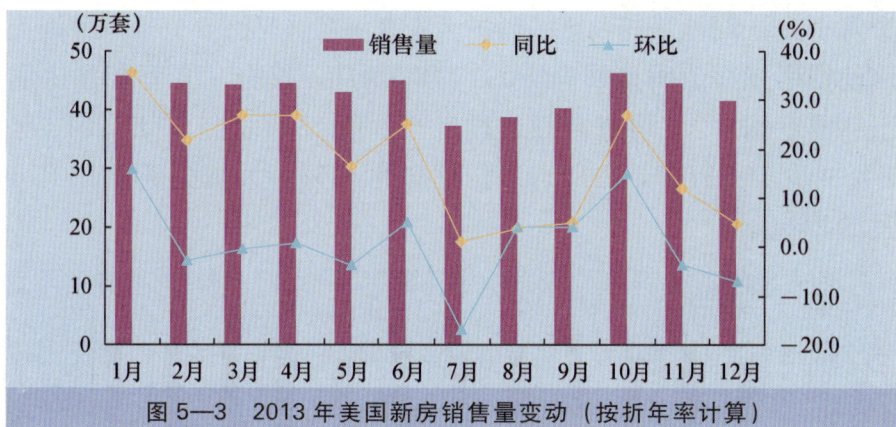

图 5—3　2013 年美国新房销售量变动（按折年率计算）

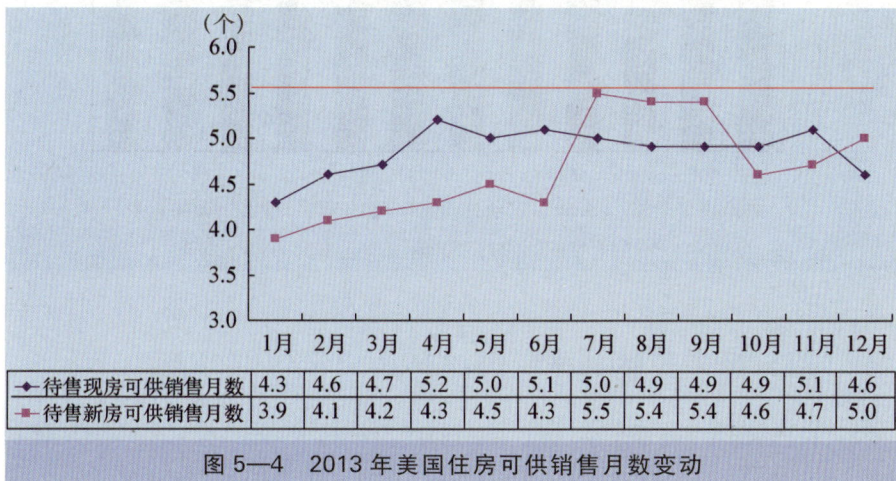

（个）

	1月	2月	3月	4月	5月	6月	7月	8月	9月	10月	11月	12月
待售现房可供销售月数	4.3	4.6	4.7	5.2	5.0	5.1	5.0	4.9	4.9	4.9	5.1	4.6
待售新房可供销售月数	3.9	4.1	4.2	4.3	4.5	4.3	5.5	5.4	5.4	4.6	4.7	5.0

图 5—4　2013 年美国住房可供销售月数变动

（三）房价稳定回升

2013 年，美国现房和新房中位数价格从上年的 17.7 万美元/标准套和 24.5 万美元/标准套升至 19.7 万美元/标准套和 26.6 万美元/标准套，分别比上年上涨 11.3％和 8.6％。其中，新房价格已经恢复至金融危机前水平，现房价格也逼近 2008 年水平。11 月，FHFA 购房价格指数从 1 月的 194.7 升至 207.1，连续 22

个月上升，同比增速从6.6％扩大至7.6％（见图5—5）。房价上涨使得房屋净值明显回升。2013年12月，仅有930万套住房属于"重度溺水"（房贷余额超过房产价值25％以上），比2013年1月减少160万套，占所有房贷住房的19％，大幅低于2013年1月的26％。

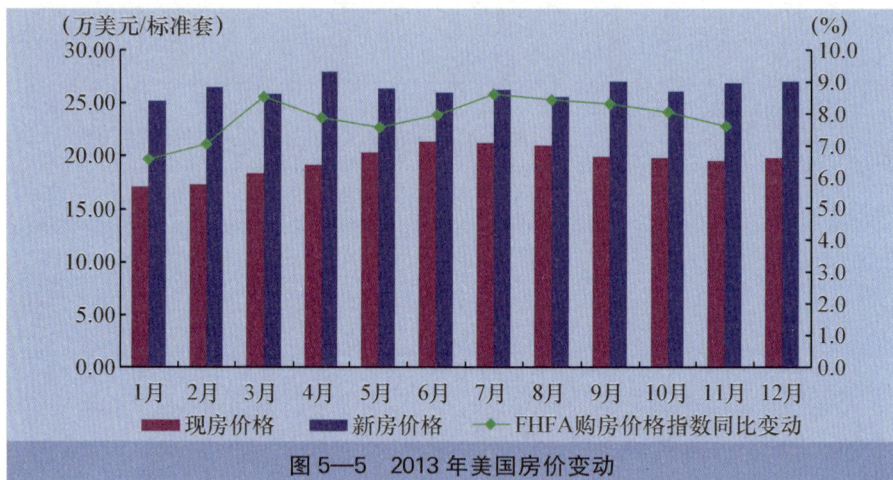

图5—5　2013年美国房价变动

（四）抵押贷款利率继续维持历史低位

2013年，30年期固定利息抵押贷款利率从上年的3.66％升至3.98％，上涨了8.7％。分月看，则从1月的3.41％升至12月的4.46％，是2011年8月以来的最高水平（见图5—6）。虽然抵押贷款利率回升，但仍远低于危机前6.4％的水平。止赎房数量明显回落。2013年11月，收到止赎通知的房屋数量为11.3万套，同比大幅下降37％，环比下降15％，是2010年11月以来最大降幅。其中，首次进入止赎程序的房屋数量为5.3万套，同比下降32％，环比下降10％，是2005年12月以来的最低水平。

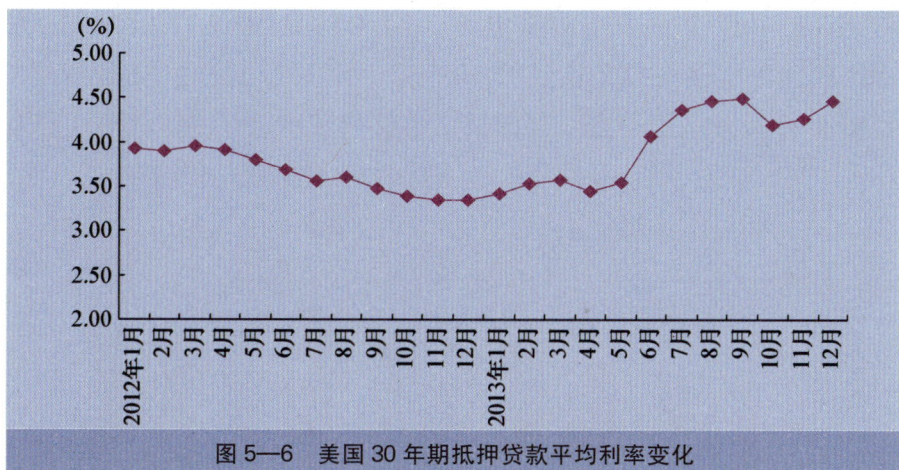

图 5—6　美国 30 年期抵押贷款平均利率变化

美国房地产从 2010 年开始先于经济复苏，2012 年房地产市场明显回暖，2013 年其复苏基础更趋牢固，不仅没有受到诸如政府关门、财政悬崖等因素影响，反而继续成为支撑经济增长的主要推动力之一。预计 2014 年，美国的房贷利率会继续上升，销售量将大幅增长，房价会平稳上涨，房地产市场复苏步伐将更趋稳健。但由于某些指标尚未恢复到金融危机前水平，美国房地产的复苏仍将会受到一些制约。

二、欧洲房地产市场初现向好迹象

2013 年，欧洲经济有望走出衰退，欧洲各主要国家房地产市场也初现向好迹象。但西班牙等国仍然遭受高失业率等问题困扰，房地产市场全面复苏尚需时日。

（一）德国在建住宅数量回升，房价上涨

2013 年，德国建筑市场稳定回升。在建住宅数量从 1 月的

14 175 套升至 7 月的年中高点 22 077 套（见图 5—7）。7—8 月，德国在建住宅平均数量达到 20 607 套，比上半年的平均值 17 026 套增加了 21%。三季度，德国住房价格指数（2010 年＝100）升至 107.8（见图 5—8），环比增长 0.7%，同比增长 2.1%。

图 5—7　2013 年德国在建住宅数量

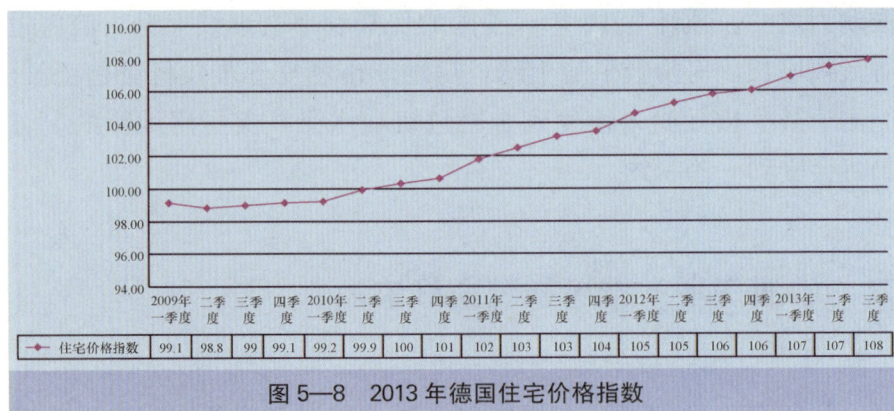

	2009年一季度	二季度	三季度	四季度	2010年一季度	二季度	三季度	四季度	2011年一季度	二季度	三季度	四季度	2012年一季度	二季度	三季度	四季度	2013年一季度	二季度	三季度
住宅价格指数	99.1	98.8	99	99.1	99.2	99.9	100	101	102	103	103	104	105	105	106	106	107	107	108

图 5—8　2013 年德国住宅价格指数

（二）法国房地产市场保持稳定

2013 年，法国建筑企业景气指数先降后升，由年初的 93 下降至年中低点 90.5，后回升至 12 月的 94.5（见图 5—9）。新房需求触底反弹，从 1 月的标准化值－45 降至年中最低点 －49，10 月回升至－40（见表 5—1）。

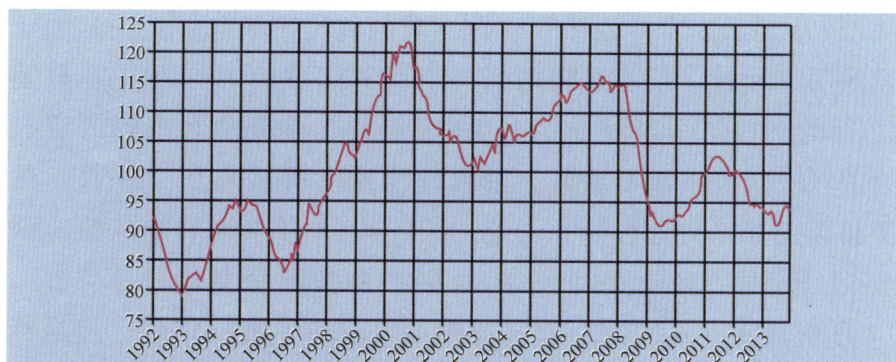

图 5—9　法国建筑企业景气综合指数

注：上图为标准化指数：平均值＝100；标准差＝10。

表 5—1　　　　　　　　　　**法国房地产市场主要指标**

	平均值*	2013 年 1 月	2013 年 4 月	2013 年 7 月	2013 年 10 月
新房需求量	－6	－45	－49	－43	－40
新房开工量预期	－6	－27	－30	－28	－21
新房购买数量	－14	－44	－40	－45	－29
新房租用数量	1	－4	－16	－3	－5
住房存量规模	－27	－16	－20	－20	－16
房屋销售平均价格	8	－20	－22	－26	－20
首付	－20	－40	－40	－43	－46
融资能力	－22	－50	－62	－48	－48

注：＊为 1991 年 7 月以来平均值。数据均为季节调整后数据，标准化值。

（三）英国房价持续上扬

2013 年，随着经济稳步复苏，英国房价从 1 月的每标准套 16.2 万英镑涨至 11 月的 17.5 万英镑（见图 5—10），同比增速从年初的 0％加快至 11 月的 6.5％，是 2010 年 7 月以来的最快增速。反映房价变动趋势的三个月移动平均变动从年初的

0.2%升至2.6%（见图5—11）。英国住房市场向好，一是由于经济明显回暖，信心显著增强。消费者信心从年初的－26升至12月的－13，全年波动回升13个点。二是劳动力市场的明显改善以及对经济预期看好，潜在住房需求明显回升。11月，英国共售出9.7万套住宅，是自2009年12月以来的最高值。截至11月，英国银行过去一年所批准的按揭贷款增加了39%，11月当月就有4.5万个购房者成功申请到了银行贷款。三是英国政府旨在降低成本和改善信贷条件的政策刺激也是房价回升的因素之一。英国政府从2013年10月起投入多达300亿英镑的财政资金，实施购房援助计划。对于价值不高于60万英镑的新建房地产，政府将提供最高达房价20%的抵押贷款，购房者只需支付5%的首付，旨在帮助8万名新房买主。这一措施激活了银行信贷供应，活跃了英国房地产市场。

　　受家庭消费和上扬的房地产市场推动，英国商会将英国2013年GDP增长率从1.3%上调至1.4%，将2014年增长率从2.2%上调至2.7%。随着经济继续好转，预计英国房地产市场会加快复苏。

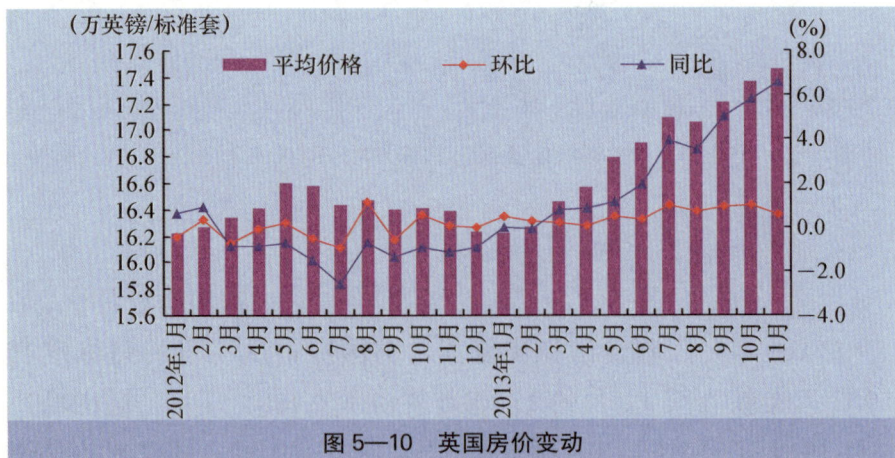

图5—10　英国房价变动

	1月	2月	3月	4月	5月	6月	7月	8月	9月	10月	11月
三个月移动平均	0.2	0.6	0.8	0.8	0.8	0.8	1.2	1.6	2.2	2.5	2.6

图 5—11　2013 年英国房价三个月移动平均变动

（四）西班牙房价低位反弹

2013 年，西班牙房价下跌速度在年中有所放缓。二季度，新房和二手房价格环比降幅分别比一季度收窄 4.4 个和 6.4 个百分点（见图 5—12）。三季度房价触底回升，新房价格环比上涨 2.3%，二手房价格上涨 0.1%。但西班牙经济增长疲弱，四季度 GDP 环比仅增长 0.3%，再加上就业状况没有明显改善，四季度失业率升至 26%，这些都将拖累未来房地产市场的稳固复苏。

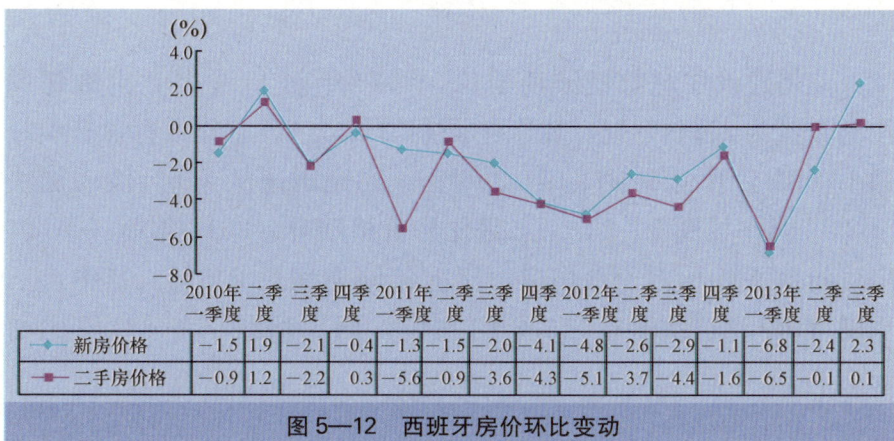

	2010年一季度	二季度	三季度	四季度	2011年一季度	二季度	三季度	四季度	2012年一季度	二季度	三季度	四季度	2013年一季度	二季度	三季度
新房价格	−1.5	1.9	−2.1	−0.4	−1.3	−1.5	−2.0	−4.1	−4.8	−2.6	−2.9	−1.1	−6.8	−2.4	2.3
二手房价格	−0.9	1.2	−2.2	0.3	−5.6	−0.9	−3.6	−4.3	−5.1	−3.7	−4.4	−1.6	−6.5	−0.1	0.1

图 5—12　西班牙房价环比变动

三、日本房地产市场回暖

2013 年，"安倍经济学"三支利箭（宽松的货币政策、积极的财政政策和结构性改革）的实施，推动了日元快速贬值（以带动出口增长），经济暂时好转，价格上涨，房地产市场也随之明显回暖。前 11 个月，共完成新房开工量 89 万套，比上年同期增长 10.4%。分月看，开工数量逐月上升，从 1 月的 69 289 套增加到 11 月的 91 475 套，同比增速从年初的 5% 加快至 11 月的 14.1%。

四、亚太部分国家（地区）住房市场保持稳定增长

2013 年，亚太部分国家（地区）经济保持较快增长，房地产市场也保持稳定。

（一）澳大利亚住房市场继续回暖

一是建设住宅数量波动增长。2013 年前 11 个月，批准建设住宅数量为 15.9 万套，比上年同期增长 6.4%。分月看，从 1 月的 13 083 套升至 11 月的 16 396 套，同比增速从 7.6% 波动加快至 20.7%（见图 5—13）。二是住房价格回升。2013 年前三季度，房价指数平均值升至 146.7，比上年同期增长 2.8%。其中，三季度房价指数蹿升至 153.8 的高位，同比增长 7.6%，环比增长 1.9%。

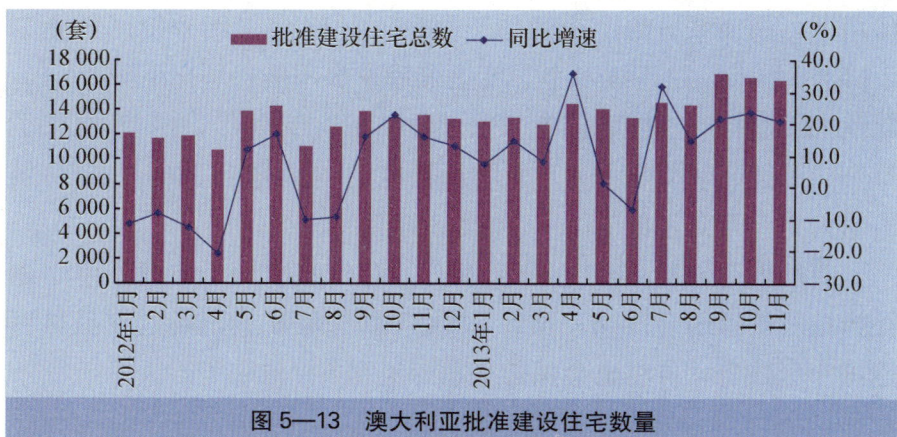

图 5—13　澳大利亚批准建设住宅数量

（二）中国香港房市过热势头得到有效遏制

由于房市增长势头过猛，2013 年 2 月，香港特区政府对楼市重拳出击，征收双倍买房印花税，总额 200 万港元以下的交易由此前的 100 港元增至房屋总价的 1.5%，其他税率则增加 1 倍，最多由 4.3% 增加至 8.5%。房价在政策作用下得到有效遏制，同比增速从 1 月的 29.3% 大幅降至 11 月的 8.5%。同时，香港特区政府向非香港永久居民征收的 15% 买家印花税也令港外人购买香港房地产的热潮受到控制，销售量从高位回落。2013 年前 11 个月，平均销售住房 4 183 套，比上年同期下降 41%，显著低于 2010 年平均 11 314 套的水平。

（三）新加坡房产市场趋稳

2013 年，在年初第七次房价调控措施（将外国买家的额外买方印花税税率从 10% 增加至 15%，原本不受买方印花税影响的经济适用型住房或私宅的永久居民，以及购买第二套私宅的新加坡公民，现在也必须分别支付 5% 和 7% 的额外买方印花税）的抑制作用下，新加坡房地产市场趋于平稳。2013 年第四季度房价指数下降至 214.5，是连续六个季度上涨后首次回落。环比下降 0.8%，此前三个季度均有不同程度上涨。2013 年全年，房价上涨了1.2%，低于 2012 年 2.8% 的增长幅度。2013 年前 11 个月新房销售量为 1.5 万套，低于 2012 年 2.2 万套的成交量。

新加坡房价从 2009 年开始飙升，政府多次出手干预。由于调控措施的效果还会持续，预计 2014 年新加坡私宅市场的交易量可能进一步减少，价格也会保持平稳（见图 5—14）。

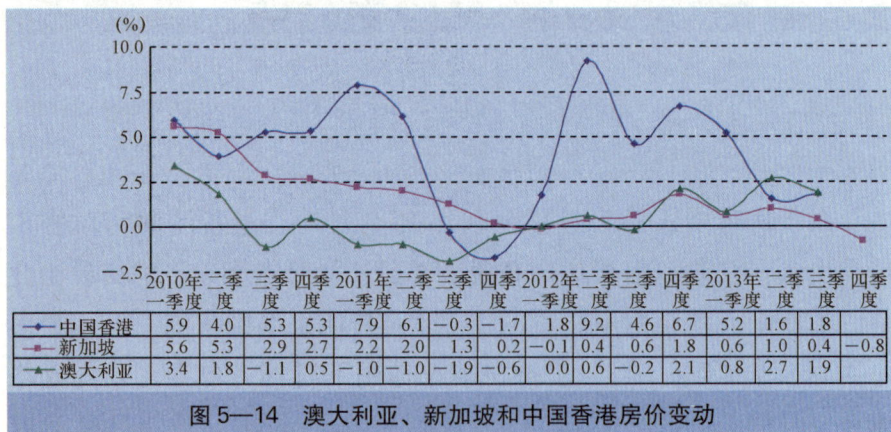

	2010年一季度	二季度	三季度	四季度	2011年一季度	二季度	三季度	四季度	2012年一季度	二季度	三季度	四季度	2013年一季度	二季度	三季度	四季度
中国香港	5.9	4.0	5.3	5.3	7.9	6.1	-0.3	-1.7	1.8	9.2	4.6	6.7	5.2	1.6	1.8	
新加坡	5.6	5.3	2.9	2.7	2.2	2.0	1.3	0.2	-0.1	0.4	0.6	1.8	0.6	1.0	0.4	-0.8
澳大利亚	3.4	1.8	-1.1	0.5	-1.0	-1.0	-1.9	-0.6	0.0	0.6	-0.2	2.1	0.8	2.7	1.9	

图 5—14　澳大利亚、新加坡和中国香港房价变动

附　录

附表1

宏观经济主要指标

主要指标	2012 年				2013 年			
	一季度	上半年	1—3 季度	全年	一季度	上半年	1—3 季度	全年
国内生产总值（GDP）增速（%）	7.9	7.7	7.6	7.7	7.7	7.6	7.7	7.7
其中：第三产业增加值增速（%）	7.4	7.7	7.9	8.1	8.3	8.3	8.4	8.3
房地产业增加值增速（%）	0.1	0.8	3.1	4.1	7.8	7.6	7.3	6.6
居民消费价格总指数（CPI）	103.8	103.3	102.8	102.6	102.4	102.4	102.5	102.6
工业品出厂价格指数（PPI）	100.1	99.4	98.5	98.3	98.3	97.8	97.9	98.1
固定资产投资价格指数	102.3	102.0	101.4	101.1	100.2	100.0	100.1	100.3
钢材价格指数	98.7	97.2	95.3	94.4	93.5	93.3	94.4	94.1
水泥价格指数	100.7	99.7	98.3	97.8	97.2	97.5	99.1	98.6
木材价格指数	103.8	103.1	102.7	102.6	101.3	101.5	101.8	101.6
货币供应量 M2 增速（%）	13.4	13.6	14.8	13.8	15.7	14.0	14.2	13.6
金融机构人民币存款余额增速（%）	12.5	12.3	13.3	13.3	15.6	14.3	14.6	13.8
金融机构人民币贷款余额增速（%）	15.7	16.0	16.3	15.0	14.9	14.2	14.3	14.1

注：国内生产总值（GDP）增长速度、第三产业增加值和房地产业增加值增长速度为累计不变价增长速度；2013 年各季度数据为初步核算数。

附表2　2013年全国房地产开发投资情况

主要指标	绝对量（亿元）		比上年增长（%）	比重（%）	
	自年初累计	上年		自年初累计	上年
完成投资	86 013.38	71 803.79	19.8	100.0	100.0
其中：配套工程投资	1 115.97	1 119.44	-0.3	1.3	1.6
一、按工程用途分					
住宅	58 950.76	49 374.21	19.4	68.5	68.8
其中：90平方米及以下住宅	19 446.28	16 789.49	15.8	22.6	23.4
144平方米以上住宅	10 456.22	9 806.36	6.6	12.2	13.7
别墅、高档公寓	3 637.90	3 448.37	5.5	4.2	4.8
办公楼	4 652.45	3 366.61	38.2	5.4	4.7
商业营业用房	11 944.83	9 312.00	28.3	13.9	13.0
其他	10 465.34	9 750.96	7.3	12.2	13.6
二、按构成分					
建筑工程	57 764.23	47 067.21	22.7	67.2	65.5
安装工程	6 155.02	4 969.05	23.9	7.2	6.9
设备工器具购置	1 250.03	1 019.39	22.6	1.5	1.4
其他费用	20 844.10	18 748.13	11.2	24.2	26.1
其中：土地购置费	13 501.73	12 100.15	11.6	15.7	16.9
计划总投资	430 922.15	358 819.77	20.1		
新增固定资产	45 977.17	33 541.42	37.1		

附表3　　2013 年各地区房地产开发投资情况

地　区	完成投资 （亿元）	住宅	土地购置费	比上年 增长（%）	住宅	土地购置费
全国总计	86 013.38	58 950.76	13 501.73	19.8	19.4	11.6
一、东部地区	47 971.53	32 696.81	8 829.05	18.3	18.3	7.7
北　京	3 483.40	1 724.56	1 159.47	10.5	5.9	5.1
天　津	1 480.82	986.28	107.25	17.5	17.0	−22.5
河　北	3 445.42	2 539.29	297.68	11.6	9.6	−10.5
辽　宁	6 450.75	4 666.03	569.55	18.2	17.8	−23.1
上　海	2 819.59	1 615.51	588.84	18.4	11.3	50.8
江　苏	7 241.45	5 171.50	1 262.70	16.7	18.8	10.7
浙　江	6 216.25	4 089.22	2 121.73	18.9	19.0	8.9
福　建	3 702.97	2 402.08	856.91	31.1	37.1	24.5
山　东	5 444.53	3 976.63	757.97	15.6	14.5	−11.1
广　东	6 489.59	4 530.63	981.77	21.2	22.3	24.7
海　南	1 196.76	995.09	125.19	35.0	37.2	62.8
二、中部地区	19 044.80	13 264.72	2 318.75	20.8	19.9	14.1
山　西	1 308.63	958.85	107.99	29.5	30.3	−8.2
吉　林	1 252.43	911.45	173.57	−4.4	−7.7	−23.1
黑龙江	1 604.83	1 124.72	125.33	4.5	0.2	−17.0
安　徽	3 946.23	2 549.88	651.48	25.2	23.8	24.0

续前表

地区	完成投资（亿元）		土地购置费	比上年增长（%）		土地购置费
		住宅			住宅	
江 西	1 174.58	795.38	147.61	21.1	16.2	37.2
河 南	3 843.76	2 827.09	391.70	26.6	28.3	27.4
湖 北	3 286.02	2 251.56	441.01	29.4	32.6	26.5
湖 南	2 628.32	1 845.81	280.07	18.9	17.4	12.1
三、西部地区	**18 997.05**	**12 989.23**	**2 353.92**	**22.6**	**21.8**	**26.0**
内蒙古	1 479.01	1 003.57	177.27	14.5	18.7	31.0
广 西	1 614.63	1 166.61	189.01	3.8	9.1	—1.4
重 庆	3 012.78	2 044.24	519.65	20.1	19.8	35.3
四 川	3 853.00	2 537.89	609.05	18.0	15.5	28.4
贵 州	1 942.54	1 224.23	177.10	32.4	31.6	48.2
云 南	2 488.33	1 642.40	374.73	39.6	42.5	49.2
西 藏	9.68	5.87		40.8	38.0	
陕 西	2 240.17	1 768.95	116.97	22.0	19.7	—16.6
甘 肃	724.65	539.85	63.07	29.2	30.9	20.4
青 海	247.61	159.72	20.85	30.5	13.2	—46.3
宁 夏	558.97	340.27	46.70	30.2	21.7	8.5
新 疆	825.69	555.62	59.53	36.2	25.1	55.5

附表 4

2013 年全国房地产开发投资实际到位资金

来源种类	绝对量（亿元）		比上年增长（%）	比重（%）	
	自年初累计	上年		自年初累计	上年
一、本年实际到位资金合计	153 503.96	120 972.15	26.9		
1. 上年末结余资金	31 381.49	24 435.34	28.4		
2. 本年实际到位资金小计	122 122.47	96 536.81	26.5	100.0	100.0
(1) 国内贷款	19 672.66	14 778.39	33.1	16.1	15.3
其中：银行贷款	17 164.78	13 140.41	30.6	14.1	13.6
非银行金融机构贷款	2 507.88	1 637.98	53.1	2.1	1.7
(2) 利用外资	534.17	402.09	32.8	0.4	0.4
其中：外商直接投资	467.12	358.52	30.3	0.4	0.4
(3) 自筹资金	47 424.95	39 081.96	21.3	38.8	40.5
其中：自有资金	20 524.30	17 851.16	15.0	16.8	18.5
(4) 其他资金来源	54 490.70	42 274.38	28.9	44.6	43.8
其中：定金及预收款	34 498.97	26 558.02	29.9	28.2	27.5
个人按揭贷款	14 033.26	10 523.78	33.3	11.5	10.9
二、本年各项应付款合计	21 419.76	16 178.01	32.4	100.0	100.0
其中：工程款	11 801.46	8 395.06	40.6	55.1	51.9

附表5

2013年各地区房地产开发投资实际到位资金

地 区	本年实际到位资金 小计（亿元）	国内贷款	利用外资	自筹资金	其他资金来源
全国总计	122 122.47	19 672.66	534.17	47 424.95	54 490.70
一、东部地区	73 755.00	13 257.14	385.79	26 485.44	33 626.62
北 京	7 300.18	1 836.95	11.60	2 138.23	3 313.40
天 津	2 761.47	765.22	16.22	892.08	1 087.95
河 北	4 123.54	336.40	9.98	2 394.67	1 382.50
辽 宁	7 448.99	847.64	61.92	4 090.17	2 449.26
上 海	5 092.67	1 292.36	38.14	1 569.91	2 192.26
江 苏	12 682.03	2 373.97	109.41	3 932.97	6 265.69
浙 江	8 858.25	1 590.65	47.03	2 765.07	4 455.49
福 建	5 767.04	747.66	21.58	2 016.51	2 981.29
山 东	7 371.32	995.41	33.51	3 149.08	3 193.32
广 东	10 472.94	2 143.59	36.29	2 798.34	5 494.72
海 南	1 876.56	327.30	0.10	738.42	810.73
二、中部地区	23 930.84	2 742.90	51.53	10 815.07	10 321.35
山 西	1 377.16	65.79		758.31	553.06
吉 林	1 516.78	126.57	5.15	804.59	580.47
黑龙江	1 833.64	130.19		1 102.62	600.83
安 徽	5 077.16	466.87	1.00	2 143.66	2 465.62

续前表

地　区	本年实际到位资金小计（亿元）	国内贷款	利用外资	自筹资金	其他资金来源
江　西	1 906.64	236.63	0.82	582.49	1 086.70
河　南	4 402.70	387.13	5.40	2 472.67	1 537.51
湖　北	4 224.48	796.57		1 735.33	1 692.58
湖　南	3 592.27	533.15	39.15	1 215.39	1 804.57
三、西部地区	24 436.63	3 672.62	96.85	10 124.44	10 542.73
内蒙古	1 638.04	113.27		1 118.00	406.76
广　西	2 155.24	324.35	0.62	815.69	1 014.58
重　庆	4 614.06	1 112.29	44.18	1 263.70	2 193.89
四　川	5 324.53	725.45	32.33	2 150.87	2 415.89
贵　州	2 145.72	226.82		877.20	1 041.70
云　南	2 924.36	418.80	12.29	1 541.76	951.51
西　藏	12.56			5.10	7.45
陕　西	2 592.39	326.10	7.44	1 143.18	1 115.67
甘　肃	963.35	168.75		431.08	363.52
青　海	259.09	44.43		117.97	96.68
宁　夏	694.15	105.74		247.69	340.72
新　疆	1 113.15	106.60		412.18	594.36

附表6

2013年全国房地产土地购置与销售情况

主要指标	绝对量		比上年增长	
	自年初累计	上年	绝对数	百分比（%）
一、土地购置与待开发情况				
1. 土地购置面积（万平方米）	38 814.38	35 666.80	3 147.6	8.8
2. 土地成交价款（亿元）	9 918.29	7 409.64	2 508.6	33.9
3. 待开发土地面积（万平方米）	42 280.47	40 195.99	2 084.5	5.2
二、房屋建筑、销售面积				
1. 施工面积（万平方米）	665 571.89	573 417.52	92 154.4	16.1
其中：新开工面积	201 207.84	177 333.62	23 874.2	13.5
2. 竣工面积（万平方米）	101 434.99	99 424.96	2010.0	2.0
其中：不可销售面积	6 026.34	6 022.27	4.1	0.1
3. 商品房销售面积（万平方米）	130 550.59	111 303.65	19 246.9	17.3
其中：期房销售面积	99 549.24	84 540.29	15 009.0	17.8
三、房屋竣工价值（亿元）	35 382.17	24 836.62	10 545.5	42.5
四、商品房销售额（亿元）	81 428.28	64 455.79	16 972.5	26.3
其中：期房销售额	64 545.98	51 532.88	13 013.1	25.3

附表 7

2013 年各地区商品房销售面积增长情况

地 区	销售面积（万平方米）	现房	期房	比上年增长（%） 销售面积	现房	期房
全国总计	130 550.59	31 001.35	99 549.24	17.3	15.8	17.8
一、东部地区	63 476.04	14 148.46	49 327.58	19.3	19.7	19.1
北 京	1 903.11	666.10	1 237.02	-2.1	31.5	-13.9
天 津	1 847.11	704.01	1 143.10	11.2	7.4	13.6
河 北	5 675.95	1 420.31	4 255.64	10.3	38.8	3.3
辽 宁	9 292.33	2 365.16	6 927.17	5.3	-5.5	9.5
上 海	2 382.20	988.06	1 394.15	25.5	31.3	21.7
江 苏	11 454.77	2 227.29	9 227.49	27.0	37.1	24.8
浙 江	4 886.99	720.59	4 166.40	22.0	71.5	16.2
福 建	4 676.16	393.89	4 282.27	43.5	38.6	44.0
山 东	10 329.80	2 171.36	8 158.44	19.7	18.0	20.1
广 东	9 836.39	2 211.51	7 624.87	24.5	12.4	28.5
海 南	1 191.23	280.19	911.04	27.8	16.8	31.7
二、中部地区	35 191.28	10 052.98	25 138.30	16.8	8.8	20.3
山 西	1 642.82	651.02	991.81	9.7	-0.3	17.4
吉 林	2 214.96	792.80	1 422.17	-9.7	-7.9	-10.6
黑龙江	3 339.95	1 153.08	2 186.87	-12.3	-10.9	-13.0
安 徽	6 265.35	939.89	5 325.46	29.7	14.8	32.8

续前表

地 区	销售面积（万平方米）	现房	期房	比上年增长（%）		
				销售面积	现房	期房
江 西	3 167.06	550.01	2 617.04	32.1	2.4	40.7
河 南	7 310.21	2 547.91	4 762.30	22.5	16.9	25.7
湖 北	5 298.54	1 710.64	3 587.90	31.2	39.4	27.7
湖 南	5 952.38	1 707.64	4 244.74	15.6	2.2	22.0
三、西部地区	31 883.27	6 799.91	25 083.37	14.1	19.2	12.8
内蒙古	2 737.70	1 208.38	1 529.32	8.5	0.5	15.8
广 西	2 995.58	668.24	2 327.34	8.6	28.5	3.9
重 庆	4 817.56	685.69	4 131.87	6.5	10.7	5.9
四 川	7 312.78	1 398.62	5 914.17	13.3	18.4	12.1
贵 州	2 972.32	333.43	2 638.88	35.9	31.9	36.4
云 南	3 309.30	814.16	2 495.14	2.2	58.1	−8.4
西 藏	25.40	15.22	10.18	12.9	−13.3	106.3
陕 西	3 045.70	318.43	2 727.28	10.5	−3.9	12.5
甘 肃	1 220.02	463.69	756.33	24.7	43.0	15.6
青 海	381.56	73.53	308.03	45.1	19.4	52.9
宁 夏	1 048.31	340.25	708.06	30.3	7.7	44.9
新 疆	2 017.03	480.27	1 536.76	41.0	31.7	44.2

附表 8

2013 年各地区住宅销售面积增长情况

地　区	销售面积（万平方米）	现房	期房	比上年增长（%）		
				销售面积	现房	期房
全国总计	115 722.69	25 788.94	89 933.75	17.5	16.7	17.7
一、东部地区	55 667.45	11 512.26	44 155.20	19.3	21.0	18.9
北　京	1 363.67	473.77	889.90	-8.1	29.4	-20.4
天　津	1 720.34	634.63	1 085.71	13.8	9.0	16.9
河　北	5 020.13	1 202.20	3 817.93	8.6	36.3	2.1
辽　宁	8 014.80	1 926.83	6 087.97	4.7	-4.7	8.1
上　海	2 015.81	796.66	1 219.14	26.6	40.1	19.0
江　苏	10 191.52	1 823.88	8 367.64	28.6	41.8	26.1
浙　江	4 097.63	503.57	3 594.06	23.6	111.7	16.8
福　建	3 957.46	240.42	3 717.04	44.3	40.4	44.6
山　东	9 300.29	1 889.70	7 410.59	20.1	21.3	19.8
广　东	8 830.95	1 753.88	7 077.08	23.4	9.0	27.6
海　南	1 154.86	266.73	888.13	28.6	16.8	32.5
二、中部地区	31 572.70	8 650.67	22 922.02	17.3	9.3	20.6
山　西	1 484.37	547.91	936.46	6.8	-8.8	18.5
吉　林	1 985.95	658.25	1 327.70	-8.0	-10.6	-6.7
黑龙江	2 944.23	996.70	1 947.53	-8.7	-1.7	-12.0
安　徽	5 573.53	745.28	4 828.26	30.4	12.2	33.7

续前表

地 区	销售面积（万平方米）	现房	期房	比上年增长（%）		
				销售面积	现房	期房
江 西	2 846.04	481.40	2 364.64	33.9	8.1	40.7
河 南	6 561.41	2 223.33	4 338.08	20.3	15.0	23.2
湖 北	4 765.68	1 496.51	3 269.18	31.6	40.2	28.1
湖 南	5 411.48	1 501.31	3 910.18	16.0	3.2	21.8
三、西部地区	28 482.54	5 626.01	22 856.53	14.4	20.7	12.9
内蒙古	2 263.65	964.47	1 299.18	7.6	3.4	10.9
广 西	2 765.15	586.09	2 179.06	8.6	30.8	3.8
重 庆	4 359.19	513.52	3 845.68	6.2	−0.6	7.2
四 川	6 505.32	1 151.01	5 354.31	14.5	18.4	13.7
贵 州	2 646.98	273.43	2 373.55	32.2	39.3	31.4
云 南	2 855.52	675.97	2 179.55	2.4	76.8	−9.5
西 藏	22.78	12.77	10.01	10.3	−21.0	122.6
陕 西	2 831.22	285.26	2 545.96	11.9	−4.5	14.1
甘 肃	1 134.81	426.74	708.08	27.0	51.0	15.9
青 海	369.70	68.38	301.31	49.8	31.7	54.6
宁 夏	928.26	271.90	656.36	31.2	3.9	47.2
新 疆	1 799.95	396.47	1 403.48	41.2	30.8	44.4

附表 9

2013 年各地区办公楼销售面积增长情况

地 区	销售面积（万平方米）	现房	期房	比上年增长（%）		
				销售面积	现房	期房
全国总计	2 883.35	764.30	2 119.05	27.9	48.6	21.8
一、东部地区	1 798.99	530.98	1 268.01	31.4	53.9	23.9
北　京	317.93	51.13	266.81	25.4	57.6	20.7
天　津	23.49	15.14	8.35	−16.6	5.5	−39.6
河　北	78.00	37.57	40.42	4.3	57.9	−20.7
辽　宁	53.61	9.42	44.19	−32.3	−75.5	8.8
上　海	161.22	61.17	100.05	44.3	12.0	75.2
江　苏	286.81	121.63	165.18	42.8	193.2	3.7
浙　江	218.29	53.54	164.74	15.6	32.7	11.0
福　建	211.42	34.34	177.08	40.2	78.9	34.5
山　东	189.29	42.94	146.35	39.8	4.1	55.5
广　东	256.86	104.00	152.86	81.6	196.4	43.7
海　南	2.08	0.10	1.98	−48.5	−97.5	
二、中部地区	589.76	152.53	437.23	40.9	60.4	35.2
山　西	15.30	8.48	6.82	60.4	81.6	40.1
吉　林	21.25	8.18	13.07	44.0	335.7	1.5
黑龙江	24.84	8.00	16.84	2.4	−32.1	35.0
安　徽	94.98	26.91	68.07	53.2	350.2	21.5

地 区	销售面积（万平方米）	现房	期房	比上年增长（%）		
				销售面积	现房	期房
江 西	56.46	11.77	44.69	18.7	12.3	20.5
河 南	205.44	33.23	172.21	62.4	10.1	78.8
湖 北	92.76	48.80	43.96	33.0	443.3	−27.7
湖 南	78.72	7.17	71.56	22.5	−66.1	66.1
三、西部地区	494.59	80.79	413.80	6.0	8.6	5.5
内蒙古	53.31	18.00	35.32	45.8	−24.5	177.6
广 西	32.06	4.82	27.24	234.1	369.6	217.9
重 庆	68.67	8.71	59.96	10.2	129.0	2.5
四 川	114.22	13.88	100.35	−27.4	17.8	−31.1
贵 州	100.02	1.10	98.92			
云 南	51.33	12.86	38.47	−43.5	−28.2	−47.3
西 藏	0.77	0.77		78.3		
陕 西	44.83	8.37	36.46	−32.0	213.7	−42.4
甘 肃	5.90	3.03	2.87	98.7	28.4	370.2
青 海	0.69	0.27	0.42	224.2		97.8
宁 夏	5.74	2.62	3.12	−15.8	−4.9	−23.2
新 疆	17.04	6.37	10.67	−7.7	14.7	−17.4

续前表

附表 10

2013 年各地区商业营业用房销售面积增长情况

地　区	销售面积 （万平方米）	现房	期房	比上年增长（%）		
				销售面积	现房	期房
全国总计	8 469.22	2 989.25	5 479.98	9.1	4.1	12.1
一、东部地区	3 997.75	1 264.00	2 733.74	9.8	-0.5	15.4
北　京	102.52	56.15	46.38	-10.0	-9.2	-11.0
天　津	51.60	29.64	21.97	-28.5	73.6	-60.1
河　北	404.93	128.97	275.96	27.9	34.5	25.0
辽　宁	859.00	276.17	582.82	10.7	-1.7	17.7
上　海	116.47	51.49	64.98	-2.9	-22.4	21.1
江　苏	817.48	216.70	600.78	7.0	-13.1	16.7
浙　江	344.41	95.41	249.00	3.5	0.8	4.6
福　建	242.53	49.28	193.24	15.6	12.1	16.5
山　东	600.12	182.36	417.76	8.4	-4.0	14.9
广　东	433.61	167.57	266.04	20.3	1.6	36.0
海　南	25.08	10.26	14.82	24.0	81.4	1.7
二、中部地区	2 396.84	1 000.01	1 396.83	8.3	7.8	8.7
山　西	116.00	73.59	42.41	45.9	91.6	3.2
吉　林	157.31	98.57	58.74	-28.3	-2.0	-50.6
黑龙江	256.21	104.59	151.62	-37.6	-45.2	-31.1
安　徽	506.29	144.98	361.31	18.2	4.9	24.5

续前表

地区	销售面积（万平方米）	现房	期房	比上年增长（%）		
				销售面积	现房	期房
江　西	214.03	45.95	168.08	13.0	-34.2	40.4
河　南	444.99	247.66	197.33	49.3	63.6	34.6
湖　北	358.38	137.73	220.65	39.5	40.0	39.2
湖　南	343.63	146.94	196.69	4.1	5.0	3.5
三、西部地区	2 074.64	725.23	1 349.40	8.8	7.8	9.3
内蒙古	272.07	140.85	131.21	0.7	-17.7	32.6
广　西	135.09	55.93	79.15	-9.8	11.5	-20.6
重　庆	244.04	84.41	159.63	10.0	92.2	-10.3
四　川	468.64	133.81	334.83	6.9	12.6	4.7
贵　州	198.99	48.78	150.21	37.7	18.2	45.4
云　南	285.65	87.88	197.78	2.9	3.6	2.6
西　藏	1.85	1.68	0.17	30.6	19.1	
陕　西	119.22	20.57	98.66	-4.1	-19.5	-0.1
甘　肃	63.72	28.17	35.55	-0.4	-16.7	17.8
青　海	10.27	3.97	6.29	-33.7	-58.5	6.6
宁　夏	102.66	57.82	44.83	23.8	23.8	23.9
新　疆	172.44	61.35	111.09	48.3	34.4	57.2

附表 11

2013 年各地区商品房销售额增长情况

地　区	销售额（亿元）	现房	期房	比上年增长（%）		
				销售额	现房	期房
全国总计	81 428.28	16 882.30	64 545.98	26.3	30.6	25.3
一、东部地区	49 327.40	10 050.66	39 276.74	28.4	34.2	27.0
北　京	3 530.82	1 029.84	2 500.98	6.7	44.9	-3.7
天　津	1 615.47	497.78	1 117.69	18.3	30.8	13.5
河　北	2 779.69	661.33	2 118.36	20.7	31.0	17.7
辽　宁	4 759.21	1 134.47	3 624.74	9.1	-0.7	12.5
上　海	3 911.57	1 271.39	2 640.18	46.5	53.5	43.4
江　苏	7 913.70	1 359.68	6 554.02	30.4	44.8	27.8
浙　江	5 396.03	647.05	4 748.99	26.6	78.5	21.8
福　建	4 232.08	302.16	3 929.92	50.2	66.0	49.1
山　东	5 215.12	954.38	4 260.74	26.8	24.4	27.4
广　东	8 941.05	1 914.04	7 027.01	39.5	30.3	42.3
海　南	1 032.65	278.55	754.10	40.4	37.2	41.6
二、中部地区	16 524.49	3 966.72	12 557.78	26.9	25.4	27.4
山　西	728.26	215.75	512.51	25.6	12.8	31.9
吉　林	993.04	298.37	694.67	-2.4	1.5	-3.9
黑龙江	1 582.34	513.98	1 068.36	2.2	1.2	2.7
安　徽	3 182.87	435.47	2 747.39	36.6	32.5	37.3

续前表

地区	销售额（亿元）	现房	期房	比上年增长（%）销售额	现房	期房
江 西	1 647.90	267.55	1 380.34	44.9	28.7	48.5
河 南	3 074.14	837.71	2 236.43	34.4	29.7	36.3
湖 北	2 790.32	795.58	1 994.74	37.0	74.5	26.2
湖 南	2 525.64	602.31	1 923.34	21.1	13.0	23.9
三、西部地区	15 576.39	2 864.92	12 711.47	19.6	26.3	18.2
内蒙古	1 177.36	476.66	700.71	15.1	8.8	19.9
广 西	1 375.79	249.04	1 126.75	18.6	33.8	15.7
重 庆	2 682.76	359.93	2 322.83	16.8	43.6	13.5
四 川	4 020.27	675.15	3 345.13	14.3	23.9	12.5
贵 州	1 276.69	129.43	1 147.27	41.8	21.7	44.5
云 南	1 487.24	339.53	1 147.71	9.1	55.0	0.3
西 藏	10.60	6.68	3.92	44.2	18.6	127.5
陕 西	1 608.11	121.98	1 486.14	13.2	-12.1	15.9
甘 肃	474.07	168.22	305.85	35.7	49.9	29.0
青 海	158.84	29.00	129.84	49.2	9.7	62.2
宁 夏	443.70	135.73	307.97	39.7	16.8	53.0
新 疆	860.95	173.60	687.35	53.6	40.3	57.4

附表12

2013年各地区住宅销售额增长情况

地　区	销售额 (亿元)	现房	期房	比上年增长（%）		
				销售额	现房	期房
全国总计	67 694.94	12 877.85	54 817.09	26.6	33.2	25.2
一、东部地区	41 049.38	7 631.48	33 417.90	28.1	36.7	26.3
北　京	2 434.71	726.04	1 708.67	-0.8	41.4	-12.0
天　津	1 443.34	418.18	1 025.16	19.2	26.3	16.5
河　北	2 329.12	510.04	1 819.08	21.6	47.0	16.0
辽　宁	3 941.86	892.03	3 049.84	9.2	2.1	11.4
上　海	3 264.03	996.14	2 267.89	47.8	69.3	40.0
江　苏	6 777.70	1 055.58	5 722.12	33.2	49.5	30.6
浙　江	4 513.88	446.02	4 067.87	27.5	128.8	21.5
福　建	3 410.57	180.71	3 229.87	48.7	76.0	47.4
山　东	4 461.07	772.50	3 688.57	26.4	27.9	26.1
广　东	7 476.10	1 366.96	6 109.14	36.2	21.2	40.1
海　南	997.00	267.29	729.70	42.1	38.9	43.3
二、中部地区	13 770.16	3 100.40	10 669.76	28.4	27.2	28.8
山　西	625.14	165.88	459.27	21.8	-1.1	33.0
吉　林	839.73	218.83	620.90	0.4	-4.2	2.0
黑龙江	1 305.90	425.48	880.43	8.7	20.5	3.7
安　徽	2 662.04	307.31	2 354.73	38.5	29.4	39.8

续前表

地 区	销售额（亿元）	现房	期房	比上年增长（%） 销售额	现房	期房
江 西	1 396.06	221.11	1 174.95	49.9	38.0	52.4
河 南	2 516.26	660.50	1 855.75	31.4	29.3	32.1
湖 北	2 310.04	616.94	1 693.10	36.7	69.2	27.7
湖 南	2 114.97	484.35	1 630.63	23.6	16.5	25.8
三、西部地区	12 875.40	2 145.97	10 729.43	20.3	30.2	18.5
内蒙古	874.45	335.29	539.16	13.7	13.1	14.0
广 西	1 166.72	193.99	972.73	17.2	36.2	14.0
重 庆	2 283.57	251.45	2 032.11	15.8	29.3	14.3
四 川	3 308.58	517.92	2 790.65	17.5	25.8	16.0
贵 州	988.77	86.89	901.88	33.6	48.9	32.3
云 南	1 192.55	262.69	929.86	10.7	74.9	0.3
西 藏	8.85	5.08	3.77	43.7	8.8	153.0
陕 西	1 413.20	98.58	1 314.62	16.3	−10.9	19.0
甘 肃	418.08	145.73	272.35	38.6	62.6	28.5
青 海	146.29	25.11	121.19	60.5	40.3	65.4
宁 夏	363.60	98.29	265.31	41.9	18.9	52.9
新 疆	710.74	124.94	585.80	55.1	39.7	58.9

附表 13

2013 年各地区办公楼销售额增长情况

地　区	销售额（亿元）	现房	期房	比上年增长（%）		
				销售额	现房	期房
全国总计	3 747.35	890.67	2 856.68	35.1	51.6	30.7
一、东部地区	2 777.04	741.36	2 035.67	40.7	56.0	35.8
北　京	744.78	125.36	619.43	32.9	98.1	24.6
天　津	26.88	14.18	12.70	-28.5	-7.9	-42.9
河　北	60.72	28.06	32.66	20.6	90.8	-8.3
辽　宁	36.34	5.47	30.87	-52.4	-86.8	-11.4
上　海	380.85	157.09	223.75	62.3	21.7	112.1
江　苏	218.46	69.53	148.94	20.2	102.3	1.1
浙　江	303.78	64.30	239.48	26.3	14.1	30.0
福　建	290.14	30.22	259.92	58.8	60.1	58.6
山　东	176.13	35.01	141.12	49.6	11.9	63.2
广　东	534.06	212.11	321.96	84.2	209.0	45.5
海　南	4.88	0.04	4.85	143.3	-98.0	
二、中部地区	518.09	92.30	425.78	33.1	57.0	28.9
山　西	14.64	4.17	10.47	95.9	43.7	129.0
吉　林	13.78	5.37	8.41	16.9		-24.6
黑龙江	17.61	3.18	14.43	27.4	-39.3	68.2
安　徽	69.11	18.31	50.80	50.2	466.9	18.8

续前表

地 区	销售额（亿元）	现房	期房	比上年增长（%）		
				销售额	现房	期房
江 西	51.28	10.81	40.48	1.3	13.6	-1.5
河 南	187.16	13.50	173.66	67.8	-29.6	87.9
湖 北	77.77	32.43	45.34	-9.2	345.8	-42.2
湖 南	86.74	4.55	82.20	39.2	-58.0	59.7
三、西部地区	452.23	57.00	395.22	10.3	6.5	10.9
内蒙古	40.42	10.47	29.96	83.1	-13.6	200.9
广 西	43.23	1.90	41.33	187.7	382.7	182.5
重 庆	78.08	10.57	67.51	9.0	145.5	0.3
四 川	111.75	10.24	101.51	-20.7	-28.5	-19.8
贵 州	73.15	0.63	72.52			
云 南	46.62	10.15	36.47	-34.9	-17.5	-38.5
西 藏	0.40	0.40		72.5		
陕 西	33.22	2.80	30.42	-37.8	64.4	-41.1
甘 肃	5.03	3.11	1.92	143.6	71.8	
青 海	0.41	0.12	0.29	191.5		104.3
宁 夏	4.57	1.84	2.73	32.3	-0.9	71.0
新 疆	15.35	4.78	10.57	-11.4	58.9	-26.2

附表 14

2013 年各地区商业营业用房销售额增长情况

地　区	销售额（亿元）	现房	期房	销售额	现房	期房
				比上年增长（%）		
全国总计	8 280.48	2 431.77	5 848.71	18.3	13.2	20.6
一、东部地区	4 422.33	1 237.19	3 185.14	20.6	9.1	25.8
北　京	270.71	124.14	146.57	16.0	10.1	21.5
天　津	85.40	47.45	37.95	−9.0	160.6	−49.8
河　北	311.39	95.62	215.77	4.7	−30.2	34.5
辽　宁	636.55	180.18	456.36	16.5	9.0	19.7
上　海	224.71	83.39	141.33	15.5	0.9	26.2
江　苏	851.47	208.61	642.87	14.0	14.2	14.0
浙　江	481.18	112.42	368.76	18.7	20.2	18.2
福　建	373.78	55.16	318.62	42.7	42.2	42.7
山　东	482.11	118.76	363.35	22.9	4.5	30.4
广　东	679.81	201.20	478.61	45.1	9.6	68.0
海　南	25.21	10.26	14.95	−2.1	71.4	−24.3
二、中部地区	1 954.88	678.20	1 276.67	16.9	21.6	14.5
山　西	80.91	39.84	41.06	48.2	116.3	13.6
吉　林	111.18	58.87	52.31	−21.3	3.1	−37.9
黑龙江	196.89	65.37	131.52	−25.6	−42.3	−13.0
安　徽	420.27	103.21	317.07	24.9	21.2	26.1

续前表

地　区	销售额（亿元）	现房	期房	销售额	现房	期房
				比上年增长（%）		
江　西	174.90	31.93	142.97	24.7	−8.0	35.5
河　南	334.53	148.49	186.04	46.6	56.7	39.5
湖　北	354.73	135.31	219.42	57.9	111.8	36.5
湖　南	281.48	95.19	186.29	−0.6	5.5	−3.4
三、西部地区	1 903.27	516.37	1 386.90	14.6	13.1	15.2
内蒙古	196.30	90.75	105.55	4.6	−9.7	21.1
广　西	139.47	44.02	95.44	8.1	21.1	2.9
重　庆	263.08	64.52	198.57	23.8	89.5	11.3
四　川	514.30	112.41	401.90	5.3	25.6	0.7
贵　州	204.10	37.99	166.11	46.6	−9.7	71.0
云　南	207.45	55.75	151.70	13.8	29.9	8.9
西　藏	1.36	1.20	0.16	40.6	24.9	
陕　西	125.10	18.12	106.98	−5.5	−26.3	−0.8
甘　肃	46.49	17.36	29.13	11.8	−11.2	32.3
青　海	11.83	3.46	8.37	−21.2	−59.3	28.4
宁　夏	70.62	32.68	37.93	27.4	9.2	48.7
新　疆	123.17	38.11	85.06	62.1	36.5	77.0

附表 15

2013年各地区房屋开发规模与开、竣工面积增长情况

地 区	施工面积 （万平方米）	新开工面积	竣工面积 （万平方米）	比上年增长（%）		
				施工面积	新开工面积	竣工面积
全国总计	**665 571.89**	**201 207.84**	**101 434.99**	**16.1**	**13.5**	**2.0**
一、东部地区	**329 581.67**	**93 591.45**	**50 480.07**	**13.9**	**12.4**	**2.0**
北 京	13 886.87	3 577.52	2 666.35	5.8	11.0	11.5
天 津	10 892.17	2 672.93	2 805.37	10.4	4.2	10.3
河 北	29 949.12	6 932.65	4 437.02	8.6	-9.3	-9.3
辽 宁	41 625.60	13 444.45	6 151.97	8.1	-2.8	-4.4
上 海	13 516.58	2 705.95	2 254.44	2.0	-0.7	-2.2
江 苏	52 574.17	16 358.18	9 711.60	16.6	17.6	-1.4
浙 江	37 647.24	9 315.10	4 692.34	12.6	19.2	9.3
福 建	26 287.28	7 193.01	3 369.76	24.5	34.6	50.9
山 东	50 549.17	15 390.76	7 508.52	17.7	10.7	2.5
广 东	46 480.47	14 265.48	6 273.30	18.3	34.4	-1.3
海 南	6 173.00	1 735.42	609.40	20.8	4.5	-28.8
二、中部地区	**165 264.80**	**55 227.62**	**28 042.25**	**19.6**	**14.3**	**6.9**
山 西	14 040.05	3 673.34	2 284.82	19.9	-11.8	31.8
吉 林	12 181.28	3 746.24	2 253.65	11.4	-22.4	16.9
黑龙江	13 567.37	4 030.44	2 932.70	0.6	-20.6	-9.6
安 徽	30 235.20	10 077.71	5 180.35	21.7	28.0	30.6

续前表

地　区	施工面积（万平方米）	新开工面积	竣工面积（万平方米）	比上年增长（%）		
				施工面积	新开工面积	竣工面积
江　西	11 995.67	4 138.96	1 790.26	26.7	26.9	2.4
河　南	35 979.33	12 465.09	5 965.87	21.7	18.5	1.6
湖　北	21 865.81	8 226.71	3 040.84	30.0	37.7	−7.1
湖　南	25 400.09	8 869.13	4 593.76	18.9	33.7	3.0
三、西部地区	170 725.42	52 388.77	22 912.67	17.0	14.4	−3.4
内蒙古	18 624.32	5 042.81	2 638.24	12.8	−7.0	7.7
广　西	16 040.17	3 715.67	1 712.68	6.8	−0.7	−26.6
重　庆	26 251.89	7 641.63	3 804.36	19.3	31.4	−4.7
四　川	32 164.98	10 163.57	5 108.86	7.7	21.5	−12.9
贵　州	17 356.96	5 628.24	1 764.78	31.0	48.6	24.6
云　南	18 260.72	6 481.80	2 019.20	27.1	7.4	9.1
西　藏	57.70	27.76	18.09	21.9	22.4	96.1
陕　西	17 240.86	4 483.35	1 511.67	11.9	−5.4	−8.6
甘　肃	6 848.40	2 451.19	915.56	21.5	1.9	8.4
青　海	2 376.64	859.76	592.62	25.7	11.2	42.4
宁　夏	6 043.23	2 163.12	1 104.45	20.1	17.4	−4.1
新　疆	9 459.55	3 729.87	1 722.16	37.2	32.1	−0.8

附表 16

2013 年各地区住宅开发规模与开、竣工面积增长情况

地 区	施工面积（万平方米）	新开工面积	竣工面积（万平方米）	比上年增长（%）		
				施工面积	新开工面积	竣工面积
全国总计	486 347.33	145 844.80	78 740.62	13.4	11.6	-0.4
一、东部地区	235 926.39	66 591.24	38 209.67	11.8	10.1	0.4
北 京	7 406.88	1 736.54	1 692.04	-1.4	6.7	11.1
天 津	7 562.48	1 744.85	2 117.66	9.2	-1.1	10.6
河 北	23 558.26	5 445.77	3 517.80	7.6	-9.0	-11.6
辽 宁	31 416.51	10 141.66	5 025.69	7.3	-4.7	-2.1
上 海	8 125.74	1 643.09	1 417.41	-2.3	5.1	-11.9
江 苏	38 756.78	12 211.81	7 584.17	16.0	18.7	-1.3
浙 江	23 828.31	5 787.98	3 187.62	10.0	17.0	9.3
福 建	17 835.42	4 795.83	⁻2 338.06	21.1	34.5	49.4
山 东	38 571.84	11 497.27	6 063.35	14.4	6.1	-0.4
广 东	33 690.67	10 114.75	4 748.25	15.2	29.0	-3.5
海 南	5 173.49	1 471.69	517.62	17.3	4.9	-29.6
二、中部地区	125 212.26	41 856.38	22 537.29	17.0	13.9	4.2
山 西	10 754.95	2 723.39	1 847.99	15.6	-16.7	28.7
吉 林	9 317.77	2 858.01	1 769.95	9.5	-22.4	9.7
黑龙江	10 241.40	2 920.48	2 344.41	-2.2	-22.9	-11.4
安 徽	21 531.23	7 143.99	3 919.00	18.4	30.6	25.5

续前表

地 区	施工面积 （万平方米）	新开工面积	竣工面积 （万平方米）	比上年增长（%）		
				施工面积	新开工面积	竣工面积
江 西	9 018.79	3 050.83	1 427.53	23.2	27.1	−0.9
河 南	28 113.59	10 055.31	4 916.31	19.8	19.4	0.6
湖 北	16 640.27	6 250.23	2 547.39	27.9	34.4	−8.9
湖 南	19 594.27	6 854.15	3 764.71	16.8	35.6	2.1
三、西部地区	125 208.68	37 397.18	17 993.66	13.0	11.6	−7.0
内蒙古	12 634.11	3 633.33	2 001.21	13.0	−1.0	10.2
广 西	12 419.68	2 901.93	1 385.37	4.8	−0.3	−29.2
重 庆	19 248.95	5 387.60	2 867.45	13.2	24.0	−15.3
四 川	23 208.91	7 008.71	4 028.88	2.7	17.5	−14.5
贵 州	12 316.36	3 974.16	1 352.29	27.6	54.1	20.7
云 南	12 969.39	4 529.09	1 576.13	24.3	8.7	5.6
西 藏	39.15	22.37	10.65	26.3	31.0	65.0
陕 西	14 225.86	3 488.16	1 272.77	9.2	−11.2	−10.0
甘 肃	5 324.49	1 917.05	769.07	20.2	−0.9	8.3
青 海	1 748.26	599.85	474.39	15.5	−0.9	27.8
宁 夏	4 090.83	1 435.77	861.37	12.9	16.8	−6.6
新 疆	6 982.70	2 499.16	1 394.08	27.4	16.3	−3.1

附表17

2013 年各地区办公楼开发规模与开、竣工面积增长情况

地区	施工面积（万平方米）	新开工面积	竣工面积（万平方米）	比上年增长（%）		
				施工面积	新开工面积	竣工面积
全国总计	24 577.41	6 887.24	2 789.40	26.5	15.0	20.5
一、东部地区	14 954.89	4 129.36	1 932.41	24.0	27.1	16.2
北　京	2 114.13	671.40	273.05	23.5	25.1	20.4
天　津	841.00	173.84	188.59	6.1	-24.8	13.1
河　北	659.34	172.02	158.24	10.1	-8.3	67.4
辽　宁	796.46	196.80	66.24	2.2	-16.1	-33.6
上　海	1 431.73	264.06	176.01	11.4	-13.1	-14.9
江　苏	1 989.66	547.94	332.43	29.2	36.1	40.2
浙　江	2 477.02	576.71	246.44	18.0	39.3	12.9
福　建	1 363.45	381.57	98.33	38.1	51.2	-17.5
山　东	1 553.26	567.24	127.17	47.7	50.0	-2.4
广　东	1 675.71	563.20	264.58	42.4	94.9	65.7
海　南	53.11	14.59	1.31	42.2	-18.0	-67.2
二、中部地区	4 760.97	1 301.55	459.23	29.9	-5.8	58.1
山　西	327.11	76.47	30.75	51.0	14.8	106.4
吉　林	302.72	96.21	25.61	46.1	8.7	55.8
黑龙江	199.33	34.72	32.07	12.2	-62.6	12.4
安　徽	1 034.03	246.09	131.92	31.0	5.3	164.0

续前表

地区	施工面积（万平方米）	新开工面积	竣工面积（万平方米）	比上年增长（%）		
				施工面积	新开工面积	竣工面积
江西	423.91	167.13	24.55	51.3	22.0	−23.0
河南	1 297.06	329.90	121.80	32.8	−8.4	48.5
湖北	596.11	201.33	43.07	3.4	−7.8	57.4
湖南	580.70	149.71	49.47	31.6	−18.8	25.6
三、西部地区	4 861.54	1 456.33	397.76	31.0	7.3	10.0
内蒙古	692.90	99.50	41.66	7.7	−38.0	−38.0
广西	321.91	72.74	18.13	15.1	−29.4	−28.4
重庆	781.98	241.15	75.76	56.4	50.1	149.5
四川	922.54	264.42	101.33	10.5	−15.9	−15.1
贵州	502.13	171.33	30.00	67.1	−2.8	85.6
云南	557.95	171.33	41.24	30.6	−22.9	55.4
西藏	1.56			−7.4		
陕西	501.13	179.21	42.68	48.0	81.0	119.1
甘肃	107.80	30.13	3.34	8.0	29.7	−61.0
青海	75.14	43.75	8.74	157.1	461.7	156.0
宁夏	171.20	59.86	9.86	43.7	55.1	0.1
新疆	225.32	122.90	25.03	64.9	147.6	−28.7

附表 18

2013 年各地区商业营业用房开发规模与开、竣工面积增长情况

地 区	施工面积（万平方米）	新开工面积	竣工面积（万平方米）	比上年增长（%）		
				施工面积	新开工面积	竣工面积
全国总计	80 626.76	25 902.00	10 852.42	22.5	17.7	6.1
一、东部地区	38 272.75	11 320.28	5 038.37	16.9	14.9	−0.5
北 京	1 233.37	351.01	178.36	−0.3	7.8	−25.7
天 津	1 158.61	370.11	187.80	10.8	83.1	−37.7
河 北	3 091.02	704.82	501.77	10.5	−15.2	−0.4
辽 宁	6 230.28	1 965.50	716.08	9.3	2.2	−6.0
上 海	1 500.72	274.96	253.45	3.5	−24.7	42.7
江 苏	6 904.71	2 047.90	995.59	13.7	6.2	−14.8
浙 江	4 226.99	1 123.97	471.99	16.1	23.3	4.2
福 建	3 002.82	888.85	404.85	33.7	38.7	69.5
山 东	6 160.95	1 976.83	816.47	26.1	24.3	19.6
广 东	4 323.84	1 481.58	469.15	28.9	48.4	−0.9
海 南	439.44	134.74	42.87	36.4	−1.8	−28.7
二、中部地区	20 327.73	6 994.89	3 242.12	26.2	14.6	14.4
山 西	1 647.81	472.80	272.98	31.5	6.9	49.5
吉 林	1 627.53	505.73	307.50	10.7	−27.7	37.9
黑龙江	1 877.86	733.93	339.84	19.6	0.8	−0.1
安 徽	4 787.71	1 624.77	698.82	24.7	12.8	21.1

续前表

地区	施工面积（万平方米）	新开工面积	竣工面积（万平方米）	比上年增长（%）		
				施工面积	新开工面积	竣工面积
江　西	1 515.36	529.57	260.16	27.5	10.2	26.5
河　南	3 709.10	1 185.51	620.81	26.1	20.3	10.5
湖　北	2 584.29	1 022.16	328.68	46.8	66.1	9.5
湖　南	2 578.07	920.42	413.33	24.0	29.1	−6.9
三、西部地区	22 026.27	7 586.83	2 571.93	29.9	25.4	10.4
内蒙古	3 496.14	879.30	391.43	13.4	−10.1	−3.0
广　西	1 534.40	331.09	175.44	9.1	−12.0	−14.4
重　庆	2 965.72	1 001.32	456.08	46.2	85.8	61.6
四　川	3 784.84	1 402.18	482.70	20.7	28.7	−7.0
贵　州	2 419.76	806.39	218.58	39.9	42.0	34.6
云　南	2 546.09	1 003.08	220.86	36.2	13.6	20.6
西　藏	13.19	1.59	7.44	−9.9	−60.5	179.9
陕　西	1 447.76	474.83	114.92	22.0	13.1	−21.1
甘　肃	819.59	300.68	97.62	29.5	19.5	4.0
青　海	311.75	123.41	52.78	50.1	26.7	121.0
宁　夏	1 141.59	424.44	133.69	39.4	0.8	2.0
新　疆	1 545.45	838.51	220.39	83.7	99.0	24.2

附表 19

2013 年各地区土地购置及增长情况

地　区	土地成交价款（亿元）	土地购置面积（万平方米）	比上年增长（%）	
			土地成交价款	土地购置面积
全国总计	9 918.29	38 814.38	33.9	8.8
一、东部地区	5 860.25	17 900.66	44.8	12.8
北　京	784.04	906.17	249.0	196.1
天　津	82.16	210.64	45.7	−29.7
河　北	251.95	1 127.34	−17.7	−36.0
辽　宁	566.83	2 502.27	15.3	−21.8
上　海	279.12	421.74	106.6	40.3
江　苏	1 084.21	4 207.74	39.6	37.0
浙　江	1 006.73	1 760.73	54.8	40.2
福　建	532.16	1 591.13	66.1	71.9
山　东	552.85	2 615.07	23.4	0.2
广　东	681.50	2 250.96	15.1	24.7
海　南	38.71	306.85	−15.4	−8.0
二、中部地区	2 207.47	11 001.40	21.9	2.9
山　西	144.41	875.90	48.3	21.9
吉　林	205.72	1 143.95	−25.9	−25.7
黑龙江	88.23	655.67	−30.9	−29.5
安　徽	641.63	2 760.18	35.4	5.4

续前表

地 区	土地成交价款（亿元）	土地购置面积（万平方米）	比上年增长（%） 土地成交价款	比上年增长（%） 土地购置面积
江 西	227.37	841.82	66.2	14.8
河 南	262.44	1 501.56	21.1	-13.8
湖 北	391.80	1 894.68	31.8	45.4
湖 南	245.87	1 327.64	34.1	20.0
三、西部地区	1 850.56	9 912.32	19.3	8.8
内蒙古	129.22	837.63	20.1	-7.2
广 西	113.78	431.96	12.8	-20.3
重 庆	448.79	1 896.65	-18.5	-13.1
四 川	337.25	1 142.76	113.5	28.1
贵 州	160.58	1 209.52	49.7	71.0
云 南	356.16	1 974.01	30.9	23.2
西 藏				
陕 西	110.09	503.45	12.2	6.4
甘 肃	67.22	421.71	42.9	0.6
青 海	10.23	80.13	-60.5	-59.3
宁 夏	31.41	438.26	-1.1	3.0
新 疆	85.83	976.24	64.8	28.3

附表 20

2013 年 40 个重点城市房地产开发投资总体情况

主要指标	绝对量（亿元）		比上年增长（%）	比重（%）	
	自年初累计	上年		自年初累计	上年
完成投资	45 565.83	39 052.78	16.7	100.0	100.0
其中：配套工程投资	525.61	620.73	−15.3	1.2	1.6
一、按工程用途分					
住宅	29 616.37	25 370.54	16.7	65.0	65.0
其中：90 平方米及以下住宅	11 126.78	9 637.28	15.5	24.4	24.7
144 平方米以上住宅	5 971.34	5 539.87	7.8	13.1	14.2
别墅、高档公寓	2 161.70	2 115.76	2.2	4.7	5.4
办公楼	3 602.41	2 649.40	36.0	7.9	6.8
商业营业用房	5 917.59	4 862.10	21.7	13.0	12.5
其他	6 429.46	6 170.73	4.2	14.1	15.8
二、按构成分					
建筑工程	28 564.32	23 750.75	20.3	62.7	60.8
安装工程	3 167.70	2 671.95	18.6	7.0	6.8
设备工器具购置	669.71	579.71	15.5	1.5	1.5
其他费用	13 164.11	12 050.36	9.2	28.9	30.9
其中：土地购置费	8 308.71	7 545.81	10.1	18.2	19.3
计划总投资	242 239.48	208 827.10	16.0		
新增固定资产	17 861.99	16 716.92	6.8		

附表21　2013年40个重点城市房地产开发投资情况

城　市	完成投资（亿元）	住宅	土地购置费	比上年增长（%）	住宅	土地购置费
合　计	45 565.83	29 616.37	8 308.71	16.7	16.7	10.1
北　京	3 483.40	1 724.56	1 159.47	10.5	5.9	5.1
天　津	1 480.82	986.28	107.25	17.5	17.0	-22.5
石家庄	928.15	615.70	76.93	11.4	4.0	4.5
太　原	416.23	300.29	31.47	15.9	16.8	-10.2
呼和浩特	581.68	392.13	89.16	29.8	29.8	58.3
沈　阳	2 184.01	1 574.58	238.01	12.4	18.3	-23.4
大　连	1 710.36	1 257.97	153.33	22.5	19.2	-24.5
长　春	611.78	435.52	131.00	-5.8	-11.7	-24.7
哈尔滨	857.94	583.86	83.20	8.7	7.2	-3.2
上　海	2 819.59	1 615.51	588.84	18.4	11.3	50.8
南　京	1 037.71	729.13	163.98	6.8	10.3	-20.1
无　锡	1 126.40	733.87	201.82	16.0	19.7	17.5
苏　州	1 414.01	988.62	304.57	11.9	16.1	18.1
杭　州	1 853.28	1 169.56	802.07	16.0	16.8	17.4
宁　波	1 123.14	642.33	317.04	27.0	24.6	22.8
温　州	734.28	522.16	306.96	6.9	12.0	-10.5
合　肥	1 105.81	674.35	215.94	21.0	16.6	56.3
福　州	1 264.79	865.41	292.48	30.1	37.7	27.3
厦　门	531.80	304.19	132.69	2.5	5.1	-33.0
南　昌	406.14	241.24	33.38	17.9	9.0	-1.6

续前表

城　市	完成投资（亿元）	住宅	土地购置费	比上年增长（%）	住宅	土地购置费
济　南	721.77	514.12	113.41	8.7	15.4	−30.0
青　岛	1 048.52	668.12	262.89	12.5	12.3	−0.3
郑　州	1 445.33	910.46	150.26	32.0	34.8	31.7
武　汉	1 905.60	1 250.78	275.98	21.0	26.2	11.6
长　沙	1 157.63	769.46	132.43	11.9	9.8	−6.7
广　州	1 572.43	950.68	258.89	14.7	14.9	62.7
深　圳	876.90	590.48	95.02	19.0	24.4	−26.8
南　宁	416.37	302.38	70.06	14.8	19.1	26.2
北　海	170.00	119.71	29.57	−3.5	−7.3	−32.9
海　口	256.40	205.73	12.66	46.0	58.0	125.2
三　亚	302.72	229.19	53.13	27.0	25.1	56.8
重　庆	3 012.78	2 044.24	519.65	20.1	19.8	35.3
成　都	2 111.25	1 290.45	405.83	11.8	10.2	26.6
贵　阳	978.02	627.94	102.64	8.5	10.5	57.3
昆　明	1 291.71	868.95	230.51	40.5	48.3	63.4
西　安	1 572.65	1 226.28	71.62	23.8	22.2	−19.2
兰　州	257.44	171.02	31.91	22.7	29.8	38.2
西　宁	195.58	124.46	15.78	22.1	4.9	−57.4
银　川	330.81	195.68	30.35	20.0	11.5	−1.2
乌鲁木齐	270.59	198.98	16.52	22.6	14.0	82.4

附表22　2013年40个重点城市房地产开发投资实际到位资金

来源种类	绝对量（亿元）		比上年增长（%）	比重（%）	
	本年初累计	上年		本年初累计	上年
一、本年实际到位资金合计	88 025.19	72 048.94	22.2		
1. 上年末结余资金	18 794.10	16 169.45	16.2		
2. 本年实际到位资金小计	69 231.09	55 879.49	23.9	100.0	100.0
(1) 国内贷款	13 548.11	10 318.17	31.3	19.6	18.5
其中：银行贷款	11 718.60	9 173.48	27.7	16.9	16.4
非银行金融机构贷款	1 829.52	1 144.69	59.8	2.6	2.0
(2) 利用外资	361.25	275.50	31.1	0.5	0.5
其中：外商直接投资	324.65	251.50	29.1	0.5	0.5
(3) 自筹资金	23 527.17	19 895.78	18.3	34.0	35.6
其中：自有资金	10 140.44	8 973.13	13.0	14.6	16.1
(4) 其他资金来源	31 794.57	25 390.03	25.2	45.9	45.4
其中：定金及预收款	20 274.85	16 156.42	25.5	29.3	28.9
个人按揭贷款	7 807.92	5 872.02	33.0	11.3	10.5
二、本年各项应付款合计	10 219.47	8 199.78	24.6	100.0	100.0
其中：工程款	5 490.01	4 168.05	31.7	53.7	50.8

附表 23

2013 年 40 个重点城市房地产开发投资实际到位资金

城市	本年实际到位资金 小计（亿元）	国内贷款	利用外资	自筹资金	其他资金来源
合　计	69 231.09	13 548.11	361.25	23 527.17	31 794.57
北　京	7 300.18	1 836.95	11.60	2 138.23	3 313.40
天　津	2 761.47	765.22	16.22	892.08	1 087.95
石家庄	1 024.00	95.82		680.37	247.81
太　原	522.14	33.07		227.76	261.30
呼和浩特	588.41	46.64		411.48	130.28
沈　阳	2 517.48	149.39	45.41	1 475.57	847.11
大　连	2 092.16	436.88	1.77	967.71	685.80
长　春	812.45	81.31	5.15	285.46	440.53
哈尔滨	1 044.21	82.36		525.76	436.09
上　海	5 092.67	1 292.36	38.14	1 569.91	2 192.26
南　京	2 215.43	536.98	1.27	499.69	1 177.50
无　锡	1 540.63	347.22	28.25	516.50	648.65
苏　州	2 979.51	645.18	4.36	764.70	1 565.26
杭　州	2 904.45	637.29	10.79	622.39	1 633.98
宁　波	1 391.03	314.88	26.99	546.88	502.28
温　州	870.83	111.12		350.52	409.19
合　肥	1 551.42	152.34	1.00	475.69	922.40
福　州	2 082.26	303.09	1.68	781.07	996.42
厦　门	1 180.77	189.73	14.65	262.49	713.90
南　昌	737.86	109.58	0.03	154.03	474.22

续前表

城　市	本年实际到位资金 小计（亿元）	国内贷款	利用外资	自筹资金	其他资金来源
济　南	964.79	134.01	15.93	297.37	517.47
青　岛	1 672.18	445.00	4.19	497.60	725.39
郑　州	1 673.33	141.82	4.43	802.93	724.16
武　汉	2 428.86	548.03		879.28	1 001.55
长　沙	1 658.60	314.25	33.21	401.44	909.71
广　州	2 286.92	440.98	12.11	563.54	1 270.28
深　圳	1 686.91	441.09	0.12	456.97	788.73
南　宁	687.01	126.58		179.21	381.22
北　海	184.09	14.09		111.90	58.10
海　口	494.34	72.36		181.86	240.12
三　亚	458.37	124.52		168.16	165.68
重　庆	4 614.06	1 112.29	44.18	1 263.70	2 193.89
成　都	3 093.59	514.55	32.33	1 110.66	1 436.06
贵　阳	1 053.48	124.18		251.94	677.36
昆　明	1 661.58	304.44		915.40	441.74
西　安	1 872.82	250.48	7.44	811.25	803.65
兰　州	428.25	109.21		158.02	161.03
西　宁	206.73	41.87		81.50	83.36
银　川	468.91	71.21		145.78	251.93
乌鲁木齐	426.91	49.75		100.35	276.82

附表 24

2013 年 40 个重点城市房地产土地购置与销售情况

主要指标	绝对量		比上年增长	
	自年初累计	上年	绝对数	百分比（%）
一、土地购置与待开发情况				
1. 土地购置面积（万平方米）	13 832.19	11 549.17	2 283.0	19.8
2. 土地成交价款（亿元）	5 462.04	3 559.99	1 902.1	53.4
3. 待开发土地面积（万平方米）	15 860.97	15 746.75	114.2	0.7
二、房屋建筑、销售面积				
1. 施工面积（万平方米）	283 447.39	251 813.47	31 633.9	12.6
其中：新开工面积	76 660.54	67 360.50	9 300.0	13.8
2. 竣工面积（万平方米）	39 762.88	41 417.68	−1 654.8	−4.0
其中：不可销售面积	2 943.20	3 445.70	−502.5	−14.6
3. 商品房销售面积（万平方米）	49 089.63	42 725.61	6 364.0	14.9
其中：期房销售面积	39 018.19	34 252.63	4 765.6	13.9
三、房屋竣工价值（亿元）	12 431.05	12 142.05	289.0	2.4
四、商品房销售额（亿元）	43 751.71	35 164.56	8 587.2	24.4
其中：期房销售额	35 262.19	28 978.54	6 283.7	21.7

附表25

2013年40个重点城市商品房销售面积增长情况

城 市	销售面积 （万平方米）	现房	期房	销售面积	比上年增长（%） 现房	期房
合 计	49 089.63	10 071.44	39 018.19	14.9	18.9	13.9
北 京	1 903.11	666.10	1 237.02	-2.1	31.5	-13.9
天 津	1 847.11	704.01	1 143.10	11.2	7.4	13.6
石家庄	951.21	363.88	587.33	23.7	132.8	-4.1
太 原	423.31	61.83	361.48	30.3	40.3	28.8
呼和浩特	420.45	249.47	170.98	-12.1	1.2	-26.2
沈 阳	2 262.33	580.91	1 681.42	-8.4	-30.0	2.5
大 连	1 222.13	362.51	859.61	13.5	7.7	16.2
长 春	847.06	163.90	683.16	-6.7	-22.6	-1.9
哈尔滨	1 370.48	613.78	756.70	14.7	26.0	6.8
上 海	2 382.20	988.06	1 394.15	25.5	31.3	21.7
南 京	1 222.01	184.46	1 037.56	28.5	17.8	30.6
无 锡	906.38	195.88	710.50	-1.9	44.0	-9.8
苏 州	1 875.05	375.51	1 499.54	27.9	48.5	23.6
杭 州	1 139.13	163.35	975.79	4.5	102.9	-3.3
宁 波	730.09	134.93	595.16	23.7	102.0	13.7
温 州	349.73	26.85	322.88	72.4	63.8	73.2
合 肥	1 628.09	136.60	1 491.49	31.0	38.0	30.4
福 州	1 256.49	26.63	1 229.86	49.3	-19.3	52.1
厦 门	786.71	122.60	664.11	27.8	44.0	25.3
南 昌	841.49	77.54	763.96	22.0	24.0	21.8

续前表

城市	销售面积（万平方米）	现房	期房	比上年增长（%）		
				销售面积	现房	期房
济南	822.63	72.04	750.58	24.7	82.5	21.0
青岛	1 160.16	201.20	958.95	22.0	42.7	18.4
郑州	1 621.89	248.52	1 373.38	12.5	−3.3	15.9
武汉	1 995.36	568.57	1 426.79	26.6	84.2	12.6
长沙	1 861.56	326.95	1 534.61	21.9	35.0	19.5
广州	1 699.98	272.52	1 427.46	27.5	31.7	26.7
深圳	588.58	116.14	472.44	11.9	0.6	15.1
南宁	702.60	76.68	625.92	11.7	−11.3	15.4
北海	178.44	42.93	135.51	33.4	103.4	20.3
海口	338.19	54.55	283.64	26.7	142.5	16.0
三亚	182.88	88.23	94.65	1.6	−21.6	40.2
重庆	4 817.56	685.69	4 131.87	6.5	10.7	5.9
成都	2 950.13	388.57	2 561.56	3.7	6.5	3.3
贵阳	1 282.01	36.93	1 245.08	25.2	−23.4	27.6
昆明	1 211.20	236.59	974.60	15.2	28.3	12.4
西安	1 632.85	94.36	1 538.49	6.5	−39.5	11.7
兰州	253.46	71.75	181.72	33.2	12.5	43.5
西宁	277.80	30.24	247.56	56.9	−26.9	82.4
银川	612.11	168.58	443.53	35.9	−2.8	60.2
乌鲁木齐	535.67	91.60	444.07	44.1	73.6	39.3

附表 26　　2013 年 40 个重点城市住宅销售面积增长情况

城　市	销售面积（万平方米）	现房	期房	比上年增长（%）		
				销售面积	现房	期房
合　计	42 900.89	8 056.95	34 843.94	14.7	19.4	13.7
北　京	1 363.67	473.77	889.90	−8.1	29.4	−20.4
天　津	1 720.34	634.63	1 085.71	13.8	9.0	16.9
石家庄	782.73	310.42	472.31	12.3	121.5	−15.2
太　原	401.15	59.56	341.59	30.2	43.7	28.1
呼和浩特	339.96	200.20	139.76	−17.9	0.9	−35.2
沈　阳	2 017.37	511.21	1 506.16	−8.4	−28.6	1.4
大　连	1 104.02	316.40	787.62	14.2	13.7	14.4
长　春	762.50	131.94	630.56	−1.6	−23.5	4.6
哈尔滨	1 227.00	543.81	683.19	18.9	38.1	7.1
上　海	2 015.81	796.66	1 219.14	26.6	40.1	19.0
南　京	1 143.15	161.70	981.45	30.5	16.9	33.0
无　锡	778.24	162.91	615.33	−0.6	73.8	−10.7
苏　州	1 633.41	287.37	1 346.04	29.3	57.5	24.6
杭　州	968.78	123.15	845.63	5.3	162.4	−3.2
宁　波	581.95	87.27	494.68	26.9	148.9	16.8
温　州	317.41	19.55	297.86	75.8	181.2	71.6
合　肥	1 451.69	88.79	1 362.90	29.9	23.0	30.4
福　州	1 105.48	17.28	1 088.20	50.6	−26.0	53.1
厦　门	581.52	52.21	529.32	21.1	71.0	17.7
南　昌	751.87	59.91	691.96	26.3	23.9	26.5

续前表

城市	销售面积（万平方米）			比上年增长（%）		
		现房	期房	销售面积	现房	期房
济 南	705.31	47.09	658.22	26.0	87.8	23.1
青 岛	1 050.61	170.64	879.97	24.7	66.9	18.9
郑 州	1 313.48	184.72	1 128.75	7.1	5.9	7.3
武 汉	1 750.43	456.00	1 294.43	25.9	75.9	14.4
长 沙	1 659.53	263.65	1 395.88	19.8	29.9	18.1
广 州	1 398.47	152.09	1 246.38	23.9	12.4	25.5
深 圳	527.16	99.08	428.08	7.9	0.1	9.9
南 宁	633.14	62.69	570.45	10.0	−6.1	12.1
北 海	175.69	41.17	134.52	34.1	97.7	22.1
海 口	319.04	43.14	275.90	26.9	123.4	18.8
三 亚	180.57	87.73	92.84	1.4	−21.2	39.3
重 庆	4 359.19	513.52	3 845.68	6.2	−0.6	7.2
成 都	2 555.81	294.66	2 261.15	5.4	3.5	5.7
贵 阳	1 145.71	27.66	1 118.05	20.8	−14.7	22.1
昆 明	1 041.35	195.22	846.13	13.5	20.9	11.9
西 安	1 496.34	86.00	1 410.35	8.5	−36.0	13.3
兰 州	237.35	66.94	170.41	34.3	25.2	38.2
西 宁	272.04	27.98	244.06	64.0	−15.6	83.9
银 川	543.09	130.13	412.96	39.9	−5.9	65.2
乌鲁木齐	488.54	68.10	420.44	44.8	63.6	42.2

附表27　2013年40个重点城市办公楼销售面积增长情况

城市	销售面积（万平方米）	现房	期房	比上年增长（%）		
				销售面积	现房	期房
合　计	2 074.86	490.32	1 584.55	23.3	43.5	18.1
北　京	317.93	51.13	266.81	25.4	57.6	20.7
天　津	23.49	15.14	8.35	-16.6	5.5	-39.6
石家庄	36.95	13.29	23.66	111.6		35.5
太　原	8.00	1.86	6.14	59.4	7.0	87.2
呼和浩特	16.83	8.94	7.89	19.8	-20.3	178.6
沈　阳	17.45	1.58	15.88	-20.0	-85.9	48.7
大　连	6.38	0.69	5.69	-74.0	-96.4	3.8
长　春	15.84	3.69	12.15	22.8	363.4	0.4
哈尔滨	19.57	5.29	14.28	85.2	28.1	121.9
上　海	161.22	61.17	100.05	44.3	12.0	75.2
南　京	24.53	9.58	14.95	-25.5	170.1	-49.1
无　锡	41.69	10.93	30.76	-8.5	-2.7	-10.4
苏　州	52.42	26.90	25.51	52.6	138.8	10.5
杭　州	94.63	16.86	77.77	10.0	-1.8	12.9
宁　波	49.59	11.68	37.91	8.9	94.7	-4.1
温　州	7.67	0.46	7.21	93.2	-43.9	129.3
合　肥	58.06	17.59	40.47	73.2		29.3
福　州	65.23	0.50	64.73	31.4	-60.1	33.8
厦　门	67.14	25.03	42.11	85.2	62.8	101.8
南　昌	40.27	9.31	30.96	-5.1	9.6	-8.7

续前表

城 市	销售面积(万平方米)	现房	期房	比上年增长(%) 销售面积	现房	期房
济 南	32.56	11.61	20.95	10.9	64.8	−6.1
青 岛	46.43	5.57	40.85	10.0	−62.6	49.6
郑 州	176.74	22.11	154.63	60.5	−9.1	80.3
武 汉	71.44	42.86	28.58	21.2	−33.5	−46.5
长 沙	64.26	3.55	60.71	51.8	185.0	64.1
广 州	160.85	66.53	94.31	56.0		18.3
深 圳	21.31	8.37	12.95	256.5	−45.9	158.0
南 宁	21.89	0.09	21.79	203.4		209.3
北 海	0.51		0.51			
海 口				116.1	129.0	382.1
三 亚	1.33		1.33			
重 庆	68.67	8.71	59.96	10.2	32.5	2.5
成 都	106.03	13.32	92.71	−28.4		−32.9
贵 阳	87.53	1.05	86.48	−43.7		−47.8
昆 明	40.74	7.55	33.19	−41.4	−14.3	−40.8
西 安	33.36	1.22	32.14	35.1	−54.2	47.0
兰 州	2.95	2.79	0.15	97.1	34.5	97.1
西 宁	0.32		0.32			
银 川	5.00	1.89	3.12	−20.1	−14.3	−23.2
乌鲁木齐	8.07	1.47	6.60	−36.5	38.3	−43.3

附表 28

2013 年 40 个重点城市商业营业用房销售面积增长情况

城 市	销售面积（万平方米）	现房	期房	比上年增长（%）		
				销售面积	现房	期房
合 计	2 633.27	872.98	1 760.28	5.8	5.0	6.2
北 京	102.52	56.15	46.38	-10.0	-9.2	-11.0
天 津	51.60	29.64	21.97	-28.5	73.6	-60.1
石家庄	78.12	19.95	58.17	112.7	38.7	160.4
太 原	14.13	0.41	13.73	62.7	-54.1	76.0
呼和浩特	40.61	21.08	19.52	-9.3	-37.2	74.0
沈 阳	201.96	65.47	136.49	5.3	-6.2	11.9
大 连	88.76	36.88	51.88	50.8	95.8	29.6
长 春	43.95	15.86	28.09	-55.7	-50.9	-58.0
哈尔滨	83.83	43.16	40.68	-18.3	-23.2	-12.2
上 海	116.47	51.49	64.98	-2.9	-22.4	21.1
南 京	43.68	8.06	35.62	49.4	2.5	66.7
无 锡	80.11	19.14	60.97	-12.3	-37.3	0.2
苏 州	165.25	47.74	117.51	10.2	-7.2	19.3
杭 州	52.92	17.45	35.47	-20.5	44.2	-34.9
宁 波	55.71	14.29	41.42	0.7	-0.9	1.3
温 州	22.45	5.11	17.34	54.1	-23.3	119.2
合 肥	82.72	21.40	61.31	23.1	-6.1	38.1
福 州	39.56	4.96	34.60	2.6	-21.0	7.2
厦 门	21.42	4.67	16.75	-3.0	-49.4	30.2
南 昌	40.61	8.30	32.30	-12.4	116.6	-24.1

续前表

城　市	销售面积（万平方米）	现房	期房	销售面积	比上年增长（%）现房	期房
济　南	26.40	4.26	22.13	19.6	67.4	13.3
青　岛	42.01	13.77	28.24	−16.9	−35.9	−2.9
郑　州	88.27	28.37	59.90	34.2	9.4	50.4
武　汉	124.00	57.13	66.87	68.0	189.7	23.6
长　沙	92.75	40.79	51.96	26.2	163.9	−10.5
广　州	95.80	20.84	74.96	27.4	−27.5	61.3
深　圳	19.05	4.06	14.98	−9.3	−67.2	73.6
南　宁	23.72	8.24	15.48	−11.5	−23.5	−3.5
北　海	2.17	1.20	0.97	−10.0		−56.4
海　口	12.50	8.57	3.93	35.3	249.6	−42.1
三　亚	0.92	0.43	0.49	−35.7	−24.2	−43.3
重　庆	244.04	84.41	159.63	10.0	92.2	−10.3
成　都	174.16	33.23	140.93	0.8	22.9	−3.3
贵　阳	39.33	4.69	34.64	−28.1	−43.7	−25.3
昆　明	70.48	23.77	46.70	111.1	128.7	103.1
西　安	61.43	4.86	56.57	−11.6	−68.0	4.2
兰　州	12.82	1.77	11.05	12.5	−78.4	245.2
西　宁	5.17	1.99	3.18	−52.8	−75.4	12.0
银　川	54.78	30.25	24.53	8.8	5.0	13.8
乌鲁木齐	17.11	9.14	7.97	41.1	90.4	8.8

附表29　2013年40个重点城市商品房销售额增长情况

城市	销售额（亿元）	现房	期房	比上年增长（%）		
				销售额	现房	期房
合　计	43 751.71	8 489.52	35 262.19	24.4	37.2	21.7
北　京	3 530.82	1 029.84	2 500.98	6.7	44.9	-3.7
天　津	1 615.47	497.78	1 117.69	18.3	30.8	13.5
石家庄	523.48	199.18	324.30	38.1	188.2	4.6
太　原	303.01	24.36	278.65	37.1	-3.2	42.3
呼和浩特	220.01	110.53	109.48	-15.5	-15.2	-15.8
沈　阳	1 436.05	332.94	1 103.11	-8.0	-24.8	-1.3
大　连	1 009.87	274.68	735.19	17.2	11.9	19.4
长　春	510.43	85.39	425.04	1.5	-4.2	2.7
哈尔滨	848.84	330.02	518.82	28.7	36.4	24.3
上　海	3 911.57	1 271.39	2 640.18	46.5	53.5	43.4
南　京	1 404.75	174.40	1 230.35	46.2	32.2	48.4
无　锡	713.82	130.95	582.87	-7.9	33.4	-13.9
苏　州	1 803.86	367.01	1 436.85	35.0	68.0	28.5
杭　州	1 711.20	196.17	1 515.03	16.8	82.8	11.6
宁　波	810.40	118.17	692.23	22.2	87.7	15.3
温　州	575.93	28.98	546.94	62.5	65.4	62.3
合　肥	1 023.01	87.66	935.35	33.8	38.6	33.3
福　州	1 411.79	32.00	1 379.78	50.0	6.7	51.4
厦　门	1 071.85	125.99	945.86	41.8	73.6	38.5
南　昌	597.50	54.01	543.49	34.9	39.4	34.5

续前表

城　市	销售额 （亿元）	现房	期房	比上年增长（%） 销售额	现房	期房
济　南	588.38	54.66	533.72	30.6	126.4	25.1
青　岛	978.62	153.75	824.87	27.7	49.0	24.4
郑　州	1 161.65	119.78	1 041.86	28.8	7.9	31.8
武　汉	1 539.90	425.88	1 114.02	33.0	134.4	14.2
长　沙	1 171.35	190.25	981.10	25.7	46.5	22.4
广　州	2 606.00	489.36	2 116.64	48.5	63.2	45.5
深　圳	1 436.25	327.76	1 108.50	39.4	12.4	50.1
南　宁	488.97	46.37	442.59	29.5	22.1	30.3
北　海	80.69	20.36	60.33	37.1	124.6	21.2
海　口	251.04	51.59	199.45	37.9	183.4	21.7
三　亚	264.70	122.13	142.58	26.5	17.6	35.2
重　庆	2 682.76	359.93	2 322.83	16.8	43.6	13.5
成　都	2 123.12	280.62	1 842.50	2.4	13.8	0.9
贵　阳	644.18	17.45	626.73	29.8	-39.2	34.1
昆　明	701.94	130.43	571.52	16.2	21.6	15.1
西　安	1 096.63	51.47	1 045.16	7.8	-42.5	12.7
兰　州	148.73	32.47	116.26	37.1	9.1	47.8
西　宁	128.57	17.23	111.34	53.9	-19.9	79.6
银　川	297.24	78.67	218.57	44.3	8.3	64.0
乌鲁木齐	327.33	47.91	279.41	56.2	99.5	50.6

附表30

2013年40个重点城市住宅销售额增长情况

城市	销售额（亿元）	现房	期房	比上年增长（%）销售额	现房	期房
合计	35 953.55	6 364.53	29 589.02	24.1	39.4	21.2
北京	2 434.71	726.04	1 708.67	-0.8	41.4	-12.0
天津	1 443.34	418.18	1 025.16	19.2	26.3	16.5
石家庄	386.88	159.32	227.57	17.7	167.1	-15.4
太原	267.48	22.70	244.77	35.5	-0.2	40.2
呼和浩特	157.45	81.08	76.37	-20.8	-11.1	-29.0
沈阳	1 225.29	281.09	944.19	-7.1	-22.3	-1.3
大连	867.67	231.09	636.58	18.3	24.3	16.3
长春	436.81	59.73	377.08	6.9	-10.3	10.2
哈尔滨	721.97	284.83	437.14	36.9	58.0	25.9
上海	3 264.03	996.14	2 267.89	47.8	69.3	40.0
南京	1 266.41	136.18	1 130.23	49.4	20.3	53.9
无锡	579.88	99.90	479.99	-4.3	59.5	-11.7
苏州	1 548.36	290.25	1 258.11	36.5	76.9	29.7
杭州	1 422.03	133.89	1 288.14	16.3	164.2	9.9
宁波	663.74	82.13	581.61	27.1	137.8	19.2
温州	506.03	21.47	484.56	59.1	157.5	56.5
合肥	883.18	51.48	831.70	37.4	31.4	37.7
福州	1 122.66	20.83	1 101.83	43.7	8.7	44.6
厦门	846.18	67.61	778.58	36.0	101.4	32.3
南昌	499.19	36.99	462.20	42.6	38.4	43.0

续前表

城　市	销售额（亿元）	现房	期房	比上年增长（%）销售额	比上年增长（%）现房	比上年增长（%）期房
济　南	494.65	33.36	461.29	32.8	177.8	28.0
青　岛	839.09	122.22	716.87	31.3	83.5	25.3
郑　州	865.17	81.22	783.95	25.0	38.0	23.8
武　汉	1 266.95	308.71	958.23	32.1	119.0	17.2
长　沙	955.66	146.26	809.40	23.1	38.6	20.7
广　州	1 951.45	249.40	1 702.05	44.1	46.0	43.8
深　圳	1 235.00	259.15	975.85	33.1	1.5	45.1
南　宁	389.67	30.58	359.09	20.5	16.4	20.9
北　海	78.47	19.37	59.10	40.0	117.6	25.4
海　口	234.23	42.61	191.63	43.0	194.3	28.4
三　亚	258.19	121.14	137.05	26.9	20.0	33.7
重　庆	2 283.57	251.45	2 032.11	15.8	29.3	14.3
成　都	1 714.32	208.88	1 505.44	5.9	12.7	5.0
贵　阳	514.17	11.22	502.94	21.2	−28.6	23.1
昆　明	584.73	104.99	479.74	17.9	18.4	17.8
西　安	962.89	43.83	919.05	12.2	−34.4	16.1
兰　州	131.03	28.01	103.02	36.8	28.5	39.2
西　宁	119.16	14.51	104.65	66.9	5.0	81.8
银　川	245.67	55.20	190.47	51.1	13.8	67.0
乌鲁木齐	286.21	31.50	254.71	61.5	88.6	58.6

附表31

2013年40个重点城市办公楼销售额增长情况

城市	销售额（亿元）	现房	期房	比上年增长（%）销售额	现房	期房
合 计	3 203.40	748.08	2 455.32	32.8	53.5	27.6
北 京	744.78	125.36	619.43	32.9	98.1	24.6
天 津	26.88	14.18	12.70	-28.5	-7.9	-42.9
石家庄	32.87	11.56	21.31	124.4	45.5	45.5
太 原	11.01	0.97	10.04	109.5	-32.9	163.1
呼和浩特	13.79	5.98	7.81	35.1	-5.4	101.0
沈 阳	18.62	1.48	17.15	-24.4	-82.3	5.1
大 连	4.14	0.68	3.46	-89.1	-97.7	-60.3
长 春	10.82	2.80	8.02	-3.3		-25.9
哈尔滨	15.45	2.23	13.22	77.3	-4.8	107.5
上 海	380.85	157.09	223.75	62.3	21.7	112.1
南 京	44.00	21.02	22.99	-19.0	208.1	-51.6
无 锡	39.08	9.56	29.52	0.3	3.4	-0.7
苏 州	46.57	22.88	23.69	66.9	186.4	18.9
杭 州	182.93	33.06	149.87	23.3	-8.2	33.4
宁 波	48.35	12.78	35.57	12.5	119.7	-4.2
温 州	16.51	0.48	16.03	104.0	-46.7	123.0
合 肥	47.13	14.04	33.09	64.9		22.8
福 州	129.36	0.82	128.54	58.1	-75.0	63.6
厦 门	97.96	23.00	74.96	96.4	62.9	109.6
南 昌	40.11	9.38	30.73	-15.4	4.6	-20.0

续前表

城市	销售额（亿元）	现房	期房	比上年增长（%）销售额	现房	期房
济　南	33.65	10.36	23.29	13.6	35.7	5.9
青　岛	68.56	8.82	59.74	38.8	-29.1	61.6
郑　州	172.26	9.38	162.89	65.5	-42.2	85.3
武　汉	66.95	29.75	37.20	-15.3	417.3	-49.2
长　沙	78.06	3.02	75.04	50.6	0.8	53.7
广　州	368.56	146.03	222.54	57.2	167.5	23.8
深　圳	83.41	35.08	48.32	233.9		145.4
南　宁	36.50	0.13	36.37	159.9	118.2	160.1
北　海						
海　口	0.77		0.77	9.0		253.9
三　亚	3.99		3.99	9.0		
重　庆	78.08	10.57	67.51	-21.5	145.5	0.3
成　都	107.04	9.99	97.05	479.1	-25.4	-21.1
贵　阳	66.45	0.61	65.84	-33.1	-62.0	-39.4
昆　明	40.94	7.52	33.41	-38.7	24.8	-38.4
西　安	29.90	0.92	28.99	79.3	-46.3	68.9
兰　州	3.21	3.04	0.18		79.9	
西　宁	0.26		0.26	103.9		103.9
银　川	4.00	1.27	2.73	33.8	-8.8	71.0
乌鲁木齐	9.60	2.27	7.33	-36.0	84.5	-46.8

附表32　2013年40个重点城市商业营业用房销售额增长情况

城市	销售额（亿元）	现房	期房	比上年增长（%） 销售额	现房	期房
合　计	3 698.10	1 013.08	2 685.02	15.5	14.2	16.1
北　京	270.71	124.14	146.57	16.0	10.1	21.5
天　津	85.40	47.45	37.95	-9.0	160.6	-49.8
石家庄	67.93	12.73	55.20	155.6	46.2	208.9
太　原	24.50	0.69	23.81	40.4	-29.7	44.6
呼和浩特	38.37	14.41	23.96	-21.3	-53.1	32.6
沈　阳	176.00	48.46	127.54	-5.5	-12.9	-2.4
大　连	123.53	38.42	85.10	65.8	94.3	55.5
长　春	44.23	12.84	31.39	-39.1	-35.4	-40.5
哈尔滨	84.04	32.51	51.53	-13.8	-21.9	-7.7
上　海	224.71	83.39	141.33	15.5	0.9	26.2
南　京	86.10	13.82	72.29	65.1	57.9	66.5
无　锡	91.91	20.31	71.60	-27.9	-21.9	-29.4
苏　州	199.14	48.79	150.35	19.7	12.6	22.2
杭　州	92.67	25.75	66.92	10.9	49.9	0.8
宁　波	76.49	14.68	61.82	-8.8	-19.4	-5.8
温　州	52.65	6.37	46.29	99.0	-16.9	146.3
合　肥	83.07	19.51	63.56	0.6	-10.8	4.7
福　州	122.61	8.37	114.24	89.6	25.6	96.9
厦　门	56.95	12.43	44.53	26.2	18.7	28.4
南　昌	50.06	7.64	42.42	19.5	193.4	7.9

续前表

城市	销售额（亿元）	现房	期房	销售额	现房	期房
				比上年增长（%）		
济　南	33.15	5.63	27.51	19.7	90.2	11.2
青　岛	58.82	16.66	42.16	-18.0	-26.9	-13.9
郑　州	105.86	23.29	82.58	17.6	-4.6	25.9
武　汉	172.40	81.46	90.94	77.6	251.2	23.1
长　沙	118.96	34.19	84.78	23.9	104.7	6.9
广　州	225.85	54.12	171.73	66.3	-2.5	113.9
深　圳	66.06	17.56	48.50	27.0	-39.6	111.3
南　宁	53.36	13.55	39.81	59.2	52.4	61.7
北　海	2.01	0.80	1.21	-21.6		-50.2
海　口	13.12	8.19	4.93	-16.6	170.4	-61.2
三　亚	2.39	0.86	1.53	-43.6	-36.5	-47.0
重　庆	263.08	64.52	198.57	23.8	89.5	11.3
成　都	257.43	43.75	213.67	-8.5	31.2	-13.9
贵　阳	58.47	3.94	54.53	2.3	-56.9	13.5
昆　明	55.87	14.15	41.72	58.9	37.0	68.0
西　安	71.75	4.70	67.05	-23.9	-75.9	-10.3
兰　州	14.35	1.34	13.01	32.5	-78.7	185.0
西　宁	9.02	2.60	6.42	-24.7	-66.1	49.1
银　川	43.25	19.72	23.53	13.3	-6.6	37.9
乌鲁木齐	21.83	9.37	12.46	68.0	129.7	39.8

附表 33　　2013 年 40 个重点城市房屋开发规模与开、竣工面积增长情况

城　市	施工面积（万平方米）	新开工面积	竣工面积（万平方米）	比上年增长（%）		
				施工面积	新开工面积	竣工面积
合　计	283 447.39	76 660.54	39 762.88	12.6	13.8	-4.0
北　京	13 886.87	3 577.52	2 666.35	5.8	11.0	11.5
天　津	10 892.17	2 672.93	2 805.37	10.4	4.2	10.3
石家庄	5 200.29	1 030.26	865.93	11.2	-9.5	-0.6
太　原	4 184.22	681.06	248.39	14.6	-17.1	7.6
呼和浩特	5 805.39	1 753.62	400.05	30.7	30.4	11.8
沈　阳	11 568.29	3 619.10	1 459.80	5.1	-5.3	-29.4
大　连	6 396.17	2 004.34	1 046.57	2.9	24.1	39.5
长　春	5 628.42	1 409.27	1 008.12	9.9	-8.4	10.3
哈尔滨	5 947.06	1 553.96	1 056.95	6.6	-15.0	-3.5
上　海	13 516.58	2 705.95	2 254.44	2.0	-0.7	-2.2
南　京	6 156.48	1 745.07	1 039.39	1.8	19.3	-38.8
无　锡	6 342.78	1 556.18	1 139.80	13.9	-7.4	40.0
苏　州	9 297.49	2 815.79	1 692.51	10.6	36.7	-7.4
杭　州	9 327.52	2 039.06	1 172.24	12.5	12.3	11.1
宁　波	6 833.96	1 837.20	867.48	12.4	24.9	3.3
温　州	4 219.60	827.77	360.89	12.6	-12.5	3.6
合　肥	7 015.32	2 211.02	1 435.33	15.5	48.5	55.8
福　州	6 871.04	1 760.15	832.55	20.4	16.6	55.8
厦　门	3 785.86	689.50	343.79	5.8	-15.7	-18.6
南　昌	3 992.51	1 118.55	373.75	27.8	10.1	-10.6

续前表

城 市	施工面积（万平方米）	新开工面积	竣工面积（万平方米）	比上年增长（%）		
				施工面积	新开工面积	竣工面积
济 南	4 815.08	1 386.65	805.02	26.1	11.5	63.5
青 岛	7 072.55	1 849.50	957.34	8.8	4.9	−21.0
郑 州	9 721.23	2 814.36	1 137.47	17.8	29.7	−21.5
武 汉	8 545.13	2 791.80	679.31	24.5	31.5	−35.6
长 沙	8 696.54	2 794.97	1 401.84	17.9	53.2	
广 州	8 159.31	2 144.76	1 141.30	4.0	38.0	−11.6
深 圳	4 003.49	1 366.40	353.55	24.5	50.9	−17.0
南 宁	3 812.35	721.05	325.58	1.7	4.0	−51.0
北 海	1 432.71	331.57	108.03	2.5	−24.8	−57.0
海 口	1 805.89	276.34	195.01	13.5	5.5	−36.6
三 亚	1 216.62	373.93	50.28	35.3	25.7	−68.9
重 庆	26 251.89	7 641.63	3 804.36	19.3	31.4	−4.7
成 都	15 239.30	4 051.46	1 879.65	7.7	13.5	−10.8
贵 阳	6 467.52	1 897.65	711.69	14.2	17.4	21.8
昆 明	7 705.66	2 684.12	602.68	30.9	9.4	−4.3
西 安	10 297.63	2 524.92	795.35	4.1	−9.7	−25.2
兰 州	2 622.13	575.16	158.49	11.9	−12.3	−5.8
西 宁	1 840.40	646.85	524.40	24.4	1.5	45.2
银 川	3 522.66	1 258.58	643.23	19.5	25.6	−13.6
乌鲁木齐	3 351.29	920.58	418.60	40.2	41.6	−35.7

附表34

2013年40个重点城市住宅开发规模与开、竣工面积增长情况

城 市	施工面积（万平方米）	新开工面积	竣工面积（万平方米）	比上年增长（%）		
				施工面积	新开工面积	竣工面积
合 计	194 461.10	52 042.47	29 028.81	9.5	14.3	−7.9
北 京	7 406.88	1 736.54	1 692.04	−1.4	6.7	11.1
天 津	7 562.48	1 744.85	2 117.66	9.2	−1.1	10.6
石家庄	3 999.75	760.22	631.35	9.2	−14.3	−7.4
太 原	3 242.70	557.77	211.17	13.6	−3.2	4.9
呼和浩特	4 058.64	1 306.34	308.77	29.8	44.5	6.2
沈 阳	8 482.49	2 720.60	1 230.34	5.5	−5.9	−25.2
大 连	4 867.89	1 505.54	850.66	0.7	26.5	44.6
长 春	4 054.96	1 014.49	768.85	6.7	−3.5	4.4
哈尔滨	4 314.21	1 059.55	845.72	3.4	−17.5	−5.9
上 海	8 125.74	1 643.09	1 417.41	−2.3	5.1	−11.9
南 京	4 131.71	1 287.07	754.04	−2.3	29.1	−44.6
无 锡	4 406.83	1 108.89	851.02	14.7	1.5	51.7
苏 州	6 729.22	2 055.71	1 227.53	11.2	47.2	−11.4
杭 州	5 509.11	1 143.75	845.12	9.7	11.3	25.4
宁 波	3 627.94	1 003.10	462.51	7.9	20.8	−12.8
温 州	2 860.20	571.31	249.20	11.9	−4.6	−1.2
合 肥	4 679.83	1 478.65	1 072.32	10.5	54.3	47.8
福 州	4 961.57	1 257.24	605.83	16.0	14.5	50.5
厦 门	2 201.66	382.73	214.11	4.3	−12.4	−0.7
南 昌	2 762.71	734.76	305.47	23.8	10.6	−6.1

续前表

城　市	施工面积（万平方米）	新开工面积	竣工面积（万平方米）	比上年增长（%）		
				施工面积	新开工面积	竣工面积
济　南	3 253.34	838.74	613.53	20.6	−1.4	67.8
青　岛	4 689.27	1 172.71	674.86	4.6	−5.0	−27.3
郑　州	6 348.90	1 976.52	760.56	13.3	45.0	−27.1
武　汉	6 225.75	2 057.15	529.70	22.8	28.7	−41.2
长　沙	6 111.67	1 984.49	1 067.56	14.6	71.3	−5.6
广　州	4 990.72	1 341.51	709.60	1.5	36.8	−11.4
深　圳	2 608.29	910.13	196.33	23.8	62.0	−32.2
南　宁	2 767.50	544.78	234.47	1.2	12.4	−55.0
北　海	1 218.99	254.38	93.11	0.6	−33.3	−58.0
海　口	1 430.03	189.64	147.61	11.8	−4.7	−35.4
三　亚	982.24	311.77	34.81	25.8	16.6	−75.5
重　庆	19 248.95	5 387.60	2 867.45	13.2	24.0	−15.3
成　都	10 106.90	2 551.35	1 353.09	2.6	13.8	−14.9
贵　阳	4 645.36	1 439.42	536.47	15.2	41.9	20.9
昆　明	5 349.07	1 835.64	499.36	26.5	11.6	−3.8
西　安	8 332.44	1 895.47	663.20	1.0	−16.5	−26.6
兰　州	1 995.31	424.19	128.31	14.7	−13.6	−0.5
西　宁	1 332.66	448.25	421.14	14.1	−9.4	30.5
银　川	2 255.84	780.43	491.52	10.1	23.8	−17.4
乌鲁木齐	2 581.34	626.11	345.01	34.4	26.8	−35.7

附表 35

2013 年 40 个重点城市办公楼开发规模与开工、竣工面积增长情况

城市	施工面积（万平方米）	新开工面积	竣工面积（万平方米）	比上年增长（%）		
				施工面积	新开工面积	竣工面积
合计	17 115.48	4 531.67	1 938.97	22.6	9.2	14.8
北京	2 114.13	671.40	273.05	23.5	25.1	20.4
天津	841.00	173.84	188.59	6.1	−24.8	13.1
石家庄	253.92	85.99	83.35	32.5	132.6	231.6
太原	160.05	29.63	11.07	69.3	4.4	266.1
呼和浩特	224.22	32.26	7.73	31.7	−44.3	−16.0
沈阳	339.67	69.97	8.54	−9.8	−18.5	−84.7
大连	170.27	66.99	23.44	27.8	79.0	26.6
长春	263.18	74.61	15.23	43.6	0.8	17.9
哈尔滨	158.26	17.55	24.06	20.4	−73.1	239.4
上海	1 431.73	264.06	176.01	11.4	−13.1	−14.9
南京	369.79	54.05	53.66	18.0	−23.4	41.3
无锡	371.95	82.96	89.27	13.8	−21.5	56.4
苏州	352.05	93.24	63.50	19.2	92.3	55.6
杭州	1 006.58	246.97	68.31	21.0	57.7	−28.1
宁波	601.47	122.68	86.38	17.4	35.7	91.0
温州	98.24	14.91	6.08	9.3	4.1	−9.8
合肥	446.75	81.42	60.42	8.2	−25.9	233.9
福州	393.09	80.20	20.02	21.4	−0.4	−23.4
厦门	390.38	63.46	17.43	11.7	−20.4	−76.3
南昌	315.94	120.14	16.46	42.0	15.4	−42.1

续前表

城　市	施工面积（万平方米）	新开工面积	竣工面积（万平方米）	比上年增长（%）		
				施工面积	新开工面积	竣工面积
济　南	373.42	193.30	25.08	73.1	208.9	−30.2
青　岛	381.44	94.84	25.72	33.5	7.7	−20.0
郑　州	866.41	208.69	85.08	33.3	−16.1	45.6
武　汉	396.06	135.58	33.42	−12.1	−2.2	95.7
长　沙	409.04	105.93	35.62	50.3	−19.0	275.2
广　州	769.08	221.39	147.36	15.6	71.9	24.5
深　圳	261.51	114.88	30.84	66.6	126.6	150.8
南　宁	127.88	13.25	9.67	−0.3	−76.2	−46.1
北　海	7.29	4.12	0.14	27.4	165.3	−91.0
海　口	35.40	13.20		59.6	46.9	
三　亚	6.83	0.66	0.03	20.9	−71.4	275.0
重　庆	781.98	241.15	75.76	56.4	50.1	149.5
成　都	791.57	178.57	86.70	3.7	−37.8	−20.0
贵　阳	358.20	119.42	19.00	63.1	−20.9	101.1
昆　明	442.06	119.42	21.68	30.6	−32.9	49.2
西　安	415.97	151.28	30.34	49.7	92.0	71.3
兰　州	73.72	16.78	0.95	−0.2	54.2	−86.7
西　宁	68.35	41.42	7.94	179.5		319.7
银　川	142.00	51.47	7.96	51.3	96.1	−14.4
乌鲁木齐	104.62	59.99	3.09	66.1	236.1	−85.9

附表36

2013年40个重点城市商业营业用房开发规模与开、竣工面积增长情况

城市	施工面积（万平方米）	新开工面积	竣工面积（万平方米）	比上年增长（%）		
				施工面积	新开工面积	竣工面积
合　计	32 255.89	9 220.52	3 782.40	18.9	15.6	-2.4
北　京	1 233.37	351.01	178.36	-0.3	7.8	-25.7
天　津	1 158.61	370.11	187.80	10.8	83.1	-37.7
石家庄	618.19	145.27	107.60	15.8	-4.0	-2.0
太　原	373.23	36.26	14.47	10.8	-60.9	76.4
呼和浩特	1 025.35	289.98	51.06	35.5	32.6	24.4
沈　阳	1 922.00	552.42	178.60	4.3	-3.6	-27.6
大　连	755.47	205.02	96.45	6.8	-13.1	55.5
长　春	739.81	163.53	139.11	7.9	-29.0	14.1
哈尔滨	842.01	332.08	84.45	31.9	28.4	1.4
上　海	1 500.72	274.96	253.45	3.5	-24.7	42.7
南　京	669.60	168.13	78.92	13.4	48.5	-29.5
无　锡	1 094.51	247.71	140.01	12.1	-23.6	3.9
苏　州	1 128.17	302.25	205.82	-3.0	-18.7	-7.1
杭　州	846.90	224.46	78.67	23.4	36.3	8.8
宁　波	912.34	294.35	102.55	23.5	104.6	7.2
温　州	376.15	47.15	36.27	8.7	-60.5	42.9
合　肥	1 022.90	348.90	128.16	25.2	49.6	29.7
福　州	505.22	133.46	50.81	28.8	38.3	22.4
厦　门	347.88	116.46	24.20	26.2	22.8	-46.4
南　昌	454.69	99.94	46.75	22.0	-32.2	-7.0

续前表

城 市	施工面积（万平方米）	新开工面积	竣工面积（万平方米）	比上年增长（%）		
				施工面积	新开工面积	竣工面积
济 南	517.74	152.30	46.25	36.3	2.9	178.0
青 岛	915.11	221.01	117.80	12.4	15.2	12.0
郑 州	1 079.14	267.47	135.01	23.0	23.1	−19.6
武 汉	926.79	270.91	63.77	52.3	63.3	−26.1
长 沙	870.97	275.55	114.04	26.8	23.3	−6.0
广 州	961.25	243.05	82.71	9.0	19.0	−45.3
深 圳	383.62	120.68	53.35	13.1	16.6	34.2
南 宁	330.00	54.25	45.95	−6.9	−18.4	−41.3
北 海	86.15	31.59	8.36	15.9	49.7	−31.8
海 口	89.36	20.41	16.73	−10.5	−1.8	−53.1
三 亚	104.04	35.46	6.89	70.8	55.2	−43.4
重 庆	2 965.72	1 001.32	456.08	46.2	85.8	61.6
成 都	1 775.55	561.41	153.40	20.4	23.1	5.2
贵 阳	631.76	131.45	66.88	7.9	−36.4	13.4
昆 明	828.59	334.73	35.48	56.5	36.6	−19.3
西 安	854.62	273.73	45.01	15.1	6.6	−47.5
兰 州	247.00	68.55	16.22	7.9	2.6	−5.0
西 宁	221.26	71.74	41.46	37.6	−10.8	112.2
银 川	659.49	254.53	69.26	45.1	7.9	−2.8
乌鲁木齐	280.62	126.91	24.24	89.8	187.6	−31.2

附表 37　　2013 年 40 个重点城市土地购置及增长情况

地 区	土地成交价款 （亿元）	土地购置面积 （万平方米）	比上年增长（%）	
			土地成交价款	土地购置地面积
合　计	5 462.04	13 832.19	53.4	19.8
北　京	784.04	906.17	249.0	196.1
天　津	82.16	210.64	45.7	-29.7
石家庄	34.70	83.07	-41.0	-69.7
太　原	48.30	180.63	167.4	104.5
呼和浩特	28.20	76.69	120.5	-29.9
沈　阳	247.78	860.04	94.9	6.1
大　连	121.45	336.26	-6.2	-34.0
长　春	130.16	456.29	-31.6	-39.1
哈尔滨	49.38	265.18	-32.9	-20.8
上　海	279.12	421.74	106.6	40.3
南　京	48.03	121.11	-9.2	0.4
无　锡	186.05	487.15	188.6	96.2
苏　州	233.69	591.01	49.8	67.7
杭　州	243.01	227.65	138.1	102.6
宁　波	199.91	239.92		318.5
温　州	101.58	86.87	26.3	43.9
合　肥	264.21	658.62	88.4	38.2
福　州	142.46	390.44	60.9	82.2
厦　门	110.37	125.10	18.2	-33.8
南　昌	115.71	257.13	213.7	98.6

续前表

| 地 区 | 土地成交价款
（亿元） | 土地购置面积
（万平方米） | 比上年增长（%） | |
			土地成交价款	土地购置面积
济 南	93.20	217.71	26.3	-20.2
青 岛	148.54	433.01	63.2	80.4
郑 州	119.62	461.97	54.6	32.0
武 汉	195.45	502.82	0.1	10.0
长 沙	120.01	458.99	40.0	47.5
广 州	152.49	182.18	106.9	27.4
深 圳	73.67	134.87	-28.5	38.6
南 宁	23.83	80.22	-30.6	-20.8
海 口	18.05	55.54	23.7	-12.5
海 口	6.50	14.23	53.0	-59.2
三 亚	5.20	16.98	-76.8	-78.9
重 庆	448.79	1 896.65	-18.5	-13.1
成 都	129.46	271.93	274.5	78.1
贵 阳	77.73	424.59	69.4	115.3
昆 明	232.32	782.36	56.9	72.7
西 安	81.53	335.16	23.3	98.7
兰 州	29.94	169.53	68.0	164.4
西 宁	5.20	31.85	-77.9	-80.4
银 川	16.85	174.99	-5.0	-2.5
乌鲁木齐	33.36	204.90	192.2	118.4

附表38　70个大中城市新建商品住宅销售价格指数（2013年12月）

城市	新建商品住宅价格指数			城市	新建商品住宅价格指数		
	环比	同比	定基		环比	同比	定基
北京	100.6	120.6	127.1	唐山	100.3	101.7	103.5
天津	100.6	108.3	113.5	秦皇岛	100.3	107.8	116.7
石家庄	100.3	110.1	120.3	包头	100.7	109.4	114.7
太原	100.3	112.1	115.4	丹东	100.6	109.3	117.7
呼和浩特	100.6	110.6	115.3	锦州	100.3	110.7	116.4
沈阳	100.2	113.2	120.5	吉林	100.4	108.8	115.5
大连	100.7	110.1	117.8	牡丹江	100.5	106.2	113.5
长春	100.4	108.8	113.6	无锡	100.2	105.9	107.9
哈尔滨	100.6	110.7	115.3	扬州	100.4	107.3	111.6
上海	100.6	121.9	124.3	徐州	100.4	111.0	114.1
南京	100.1	115.6	116.9	温州	98.3	97.2	79.9
杭州	100.5	111.5	102.5	金华	100.2	107.0	104.1
宁波	101.1	107.8	99.9	蚌埠	100.0	104.8	108.5
合肥	100.7	110.7	113.9	安庆	100.2	105.9	109.6
福州	100.5	113.3	119.4	泉州	100.6	108.4	108.6
厦门	100.3	116.9	124.4	九江	100.5	107.0	110.3
南昌	100.5	110.4	118.7	赣州	100.2	109.2	114.3
济南	100.5	109.4	113.1	烟台	100.7	108.9	112.3

续前表

城市	新建商品住宅价格指数			城市	新建商品住宅价格指数		
	环比	同比	定基		环比	同比	定基
青　岛	100.6	110.5	110.2	济　宁	100.9	110.0	114.1
郑　州	100.1	112.0	120.5	洛　阳	100.3	108.9	116.2
武　汉	100.3	110.9	116.6	平顶山	100.3	109.3	114.4
长　沙	100.6	112.3	122.3	宜　昌	100.6	110.0	115.4
广　州	100.7	120.4	128.3	襄　阳	100.2	108.8	115.2
深　圳	100.5	120.3	125.6	岳　阳	100.0	110.8	119.3
南　宁	100.5	110.3	112.3	常　德	100.4	106.4	112.3
海　口	100.3	102.4	103.6	惠　州	100.7	108.5	114.0
重　庆	100.2	109.5	114.3	湛　江	100.0	109.6	117.5
成　都	100.2	109.7	113.3	韶　关	99.8	106.0	114.3
贵　阳	100.3	107.4	114.5	桂　林	100.4	112.1	118.8
昆　明	100.6	106.9	115.6	北　海	100.5	110.0	111.6
西　安	100.6	110.9	117.2	三　亚	100.2	105.4	106.3
兰　州	100.2	108.0	116.2	泸　州	100.8	109.2	113.5
西　宁	100.6	109.9	120.2	南　充	100.6	110.8	112.1
银　川	100.6	109.2	115.4	遵　义	100.3	107.2	114.9
乌鲁木齐	100.9	110.7	124.3	大　理	100.2	106.0	107.6

附表 39　70 个大中城市二手住宅销售价格指数（2013 年 12 月）

城市	二手住宅价格指数			城市	二手住宅价格指数		
	环比	同比	定基		环比	同比	定基
北　京	100.6	119.7	120.3	唐　山	100.0	102.6	104.7
天　津	100.3	105.1	106.9	秦皇岛	100.1	102.2	103.6
石家庄	100.2	103.2	101.0	包　头	100.2	102.9	103.0
太　原	100.4	104.1	115.6	丹　东	100.3	103.9	106.2
呼和浩特	100.2	103.5	108.0	锦　州	99.9	103.3	102.2
沈　阳	100.5	105.6	109.8	吉　林	100.2	101.9	105.4
大　连	100.2	102.5	108.0	牡丹江	99.9	101.6	102.9
长　春	100.2	104.5	105.7	无　锡	100.2	102.6	107.4
哈尔滨	100.8	104.8	103.5	扬　州	100.2	103.4	102.1
上　海	100.5	113.9	116.6	徐　州	99.8	101.9	100.0
南　京	100.3	107.9	104.8	温　州	98.2	92.8	82.9
杭　州	100.2	102.9	97.8	金　华	100.3	105.1	98.8
宁　波	100.4	104.4	96.1	蚌　埠	100.6	103.0	107.6
合　肥	100.8	106.4	106.2	安　庆	99.9	102.2	101.3
福　州	100.8	109.5	104.2	泉　州	100.6	103.8	99.9
厦　门	100.7	107.7	110.0	九　江	100.7	103.8	104.7
南　昌	100.4	106.0	106.4	赣　州	100.1	102.1	101.0
济　南	100.4	104.3	106.2	烟　台	100.5	106.2	104.3

续前表

城市	二手住宅价格指数			城市	二手住宅价格指数		
	环比	同比	定基		环比	同比	定基
青岛	100.5	103.7	103.6	济宁	100.5	103.7	108.9
郑州	100.7	107.3	110.7	洛阳	100.7	105.7	111.1
武汉	100.4	108.5	110.8	平顶山	100.4	104.8	110.5
长沙	100.4	106.2	107.5	宜昌	100.4	109.4	108.5
广州	100.6	112.3	119.0	襄阳	100.2	108.9	115.3
深圳	100.7	114.8	120.3	岳阳	100.2	104.7	114.5
南宁	100.6	104.6	106.5	常德	100.1	109.2	114.1
海口	100.2	100.2	95.4	惠州	100.8	106.3	111.0
重庆	100.4	104.7	105.1	湛江	100.5	104.1	111.1
成都	100.4	105.2	104.2	韶关	100.1	105.3	109.8
贵阳	100.2	110.0	118.8	桂林	100.3	104.8	106.6
昆明	100.4	108.0	115.4	北海	100.3	106.3	108.1
西安	100.3	105.0	106.5	三亚	100.8	102.2	96.1
兰州	100.2	102.8	101.1	泸州	100.6	104.1	104.9
西宁	100.1	104.3	112.3	南充	100.5	105.4	106.3
银川	100.6	108.4	111.1	遵义	100.3	104.6	111.7
乌鲁木齐	100.4	105.0	112.3	大理	100.2	103.1	105.7

附表 40

美国住房销售量和住房价格

指标	2010年	2011年	2012年	2013年	2013年											
					1月	2月	3月	4月	5月	6月	7月	8月	9月	10月	11月	12月
现房销售量（万套）	419	426	466	509	494	495	494	497	514	506	539	539	529	512	482	487
同比增长率（%）	-3.5	1.7	9.4	9.2	9.5	9.5	10.8	9.7	12.0	14.7	17.2	11.4	10.7	6.0	-2.8	-0.6
环比增长率（%）					0.8	0.2	-0.2	0.6	3.4	-1.6	6.5	0.0	-1.9	-3.2	-5.9	1.0
现房价格（万美元/标准套）	17.29	16.61	17.66	19.71	17.06	17.32	18.39	19.18	20.31	21.40	21.24	20.97	19.85	19.75	19.55	19.80
同比增长率（%）	0.2	-3.9	6.3	11.6	12.3	11.6	11.8	11.0	15.4	13.5	13.7	14.7	11.3	12.8	9.4	9.9
待售现房可供销售月数（月）	9.4	8.2	5.9	4.9	4.3	4.6	4.7	5.2	5.0	5.1	5.0	4.9	4.9	4.9	5.1	4.6
新房销售量（万套）	32.3	30.2	36.8	42.8	45.8	44.5	44.3	44.6	42.9	45.0	37.3	38.8	40.3	46.3	44.5	41.4
同比增长率（%）	-13.9	-6.5	20.3	16.3	35.5	21.6	26.9	26.7	16.3	25.0	1.1	3.7	4.9	26.8	11.8	4.5
环比增长率（%）					15.7	-2.8	-0.4	0.7	-3.8	4.9	-17.1	4.0	3.9	14.9	-3.9	-7.0
新房价格（万美元/标准套）	22.18	22.58	24.52	26.58	25.15	26.51	25.75	27.93	26.37	25.98	26.22	25.53	26.98	26.03	26.85	27.02
同比增长率（%）	2.4	1.8	7.9	8.4	13.4	10.5	7.4	18.1	10.2	11.7	10.4	0.8	6.0	5.3	9.6	4.6
待售新房可供销售月数（月）					3.9	4.1	4.2	4.3	4.5	4.3	5.5	5.4	5.4	4.6	4.7	5.0
新房开工数（万套）	58.7	60.7	78.1	92.3	89.8	96.9	100.5	85.2	91.9	83.5	89.1	88.3	87.3	89.9	110.7	99.9
同比增长率（%）	6.0	3.4	28.2	18.2	24.2	35.9	42.1	13.0	29.3	10.3	20.2	17.9	2.2	4.1	31.5	1.6
环比增长率（%）					-8.6	7.9	3.7	-15.2	7.9	-9.1	6.7	-0.9	-1.1	3.0	23.1	-9.8
FHFA购房房价指数（1991年1月=100）					194.7	196.4	199.2	200.0	201.9	203.4	204.9	205.6	206.0	207.0	207.1	
同比增长率（%）					6.6	7.0	8.5	7.9	7.6	8.0	8.6	8.4	8.3	8.0	7.6	
环比增长率（%）					0.6	0.9	1.4	0.5	0.9	0.7	0.7	0.7	0.4	0.2	0.5	

资料来源：美国普查局、美国房地产经纪人协会、美国联邦住房金融局。

附表 41

英国房价

	平均价格（万英镑/标准套）	环比增长率（%）	同比增长率（%）
2011 年			
1月	16.12	−0.1	−1.4
2月	16.12	0.7	−0.1
3月	16.48	0.5	0.1
4月	16.56	−0.2	−1.3
5月	16.82	0.0	−1.1
6月	16.87	0.2	−0.4
7月	16.87	0.3	−0.4
8月	16.59	−0.6	−0.4
9月	16.63	0.1	−0.3
10月	16.57	0.4	0.8
11月	16.58	0.4	1.6
12月	16.38	−0.2	1.0
2012 年			
1月	16.22	−0.5	0.6
2月	16.27	0.3	0.9
3月	16.33	−0.9	−0.9
4月	16.41	−0.2	−0.9
5月	16.60	0.3	−0.7
6月	16.57	−0.5	−1.5

续前表

	平均价格（万英镑/标准套）	环比增长率（%）	同比增长率（%）
7月	16.44	−0.7	−2.6
8月	16.47	1.1	−0.7
9月	16.40	−0.4	−1.4
10月	16.42	0.6	−0.9
11月	16.39	0.0	−1.2
12月	16.23	0.0	−1.0
2013年			
1月	16.22	0.5	0.0
2月	16.26	0.3	0.0
3月	16.46	0.2	0.8
4月	16.56	0.1	0.9
5月	16.79	0.5	1.1
6月	16.89	0.4	1.9
7月	17.08	1.0	3.9
8月	17.05	0.7	3.5
9月	17.21	0.9	5.0
10月	17.37	1.0	5.8
11月	17.46	0.6	6.5
12月	16.12	−0.1	−1.4

注：环比数据因季节因素调整。

资料来源：英国建筑协会。

附表 42

日本新开开工数

日本新房开工数

	新房开工数（套）	同比增长率（%）	环比增长率（%）
2006 年	1 290 391	4.4	
2007 年	1 060 741	−17.8	
2008 年	1 093 519	3.1	
2009 年	788 410	−27.9	
2010 年	813 126	3.1	
2011 年	834 117	2.6	
1 月	66 709	2.7	−10.5
2 月	62 252	10.1	−6.7
3 月	63 419	−2.4	1.9
4 月	66 757	0.3	5.3
5 月	63 726	6.4	−4.5
6 月	72 687	5.8	14.1
7 月	83 398	21.2	14.7
8 月	81 986	14.0	−1.7
9 月	64 206	−10.8	−21.7
10 月	67 273	−5.8	4.8
11 月	72 635	−0.3	8.0
12 月	69 069	−7.3	−4.9
2012 年	882 797	5.8	
1 月	65 984	−1.1	−4.5
2 月	66 928	7.5	1.4
3 月	66 597	5.0	−0.5

续前表

	新房开工数（套）	日本新房开工数	
		同比增长率（%）	环比增长率（%）
4月	73 647	10.3	10.6
5月	69 638	9.3	−5.4
6月	72 566	−0.2	−4.2
7月	75 421	−9.6	3.9
8月	77 500	−5.5	2.8
9月	74 176	15.5	−4.3
10月	84 251	25.2	13.6
11月	80 145	10.3	−4.9
12月	75 944	10.0	−5.2
2013年			
1月	69 289	5.0	−13.5
2月	68 969	3.0	−0.5
3月	71 456	7.3	3.6
4月	77 894	5.8	9.0
5月	79 751	14.5	2.4
6月	83 704	15.3	5.0
7月	84 801	12.4	1.3
8月	84 343	8.8	−0.5
9月	88 539	19.4	5.0
10月	90 226	7.1	1.9
11月	91 475	14.1	1.4

资料来源：日本国土资源厅。

附表 43

中国香港住房销售量和价格

| | 销售量 | | | 销售价格 | | |
	套数（套）	同比增长率（%）	环比增长率（%）	价格指数（1999年=100）	同比增长率（%）	环比增长率（%）
2006 年	82 472	−20. 2		92. 7	0. 8	
2007 年	123 575	49. 8		103. 5	11. 7	
2008 年	95 931	−22. 4		120. 5	16. 4	
2009 年	115 092	20. 0		121. 3	0. 7	
2010 年	135 778	18. 0		150. 8	24. 3	
2011 年	84 462	−37. 8		181. 7	20. 4	
1 月	8 002	−24. 9	−14. 2	169. 5	22. 6	4. 0
2 月	10 390	−11. 4	29. 8	176. 4	25. 4	4. 1
3 月	10 456	−3. 7	0. 6	179. 5	25. 2	1. 8
4 月	7 635	−37. 6	−27. 0	183. 3	25. 0	2. 1
5 月	9 681	−12. 1	26. 8	185. 9	27. 5	1. 4
6 月	9 043	−1. 0	−6. 6	188. 1	28. 0	1. 2
7 月	5 254	−59. 5	−41. 9	185. 5	22. 6	−1. 4
8 月	5 439	−63. 0	3. 5	184. 5	19. 1	−0. 5
9 月	4 823	−53. 7	−11. 3	185. 6	18. 9	0. 6
10 月	4 643	−51. 4	−3. 7	183. 1	14. 3	−1. 3
11 月	4 795	−63. 6	3. 3	180. 8	10. 4	−1. 3
12 月	4 301	−53. 9	−10. 3	178. 2	9. 3	−1. 4
2012 年	81 333	−3. 7		206. 2	13. 2	
1 月	3 507	−56. 2	−9. 7	179. 8	6. 1	−0. 7
2 月	3 884	−62. 6	10. 7	183. 8	4. 2	2. 2
3 月	11 358	8. 6	192. 4	192. 2	7. 1	4. 6

续前表

	销售量			销售价格		
	套数（套）	同比增长率（%）	环比增长率（%）	价格指数（1999年=100）	同比增长率（%）	环比增长率（%）
4月	8 217	7.6	-27.7	198.5	8.3	3.3
5月	8 349	-13.8	1.6	203.2	9.3	2.4
6月	5 886	-34.9	-29.5	205.1	9.0	0.9
7月	5 709	8.7	-3.0	206.1	11.1	0.5
8月	8 087	48.7	41.7	210.8	14.3	2.3
9月	7 301	51.4	-9.7	217.8	17.3	3.3
10月	8 714	87.7	19.4	223.7	22.1	2.7
11月	7 035	46.7	-19.3	225.9	24.1	1.0
12月	3 286	-23.6	-53.3	227.5	25.6	0.7
2013年						
1月	5 430	54.8	65.2	232.5	29.3	2.2
2月	6 307	62.4	16.2	240.0	30.6	3.2
3月	4 534	-60.1	-28.1	239.9	24.8	0.0
4月	3 427	-58.3	-24.4	239.4	20.6	-0.2
5月	4 276	-48.8	24.8	240.8	18.5	0.6
6月	3 740	-36.5	-12.5	243.3	18.6	1.0
7月	3 986	-30.2	6.6	245.1	18.9	0.7
8月	3 407	-57.9	-14.5	246.3	16.8	0.5
9月	3 686	-49.5	8.2	245.5	12.7	-0.3
10月	3 426	-60.7	-7.1	245.3	9.7	-0.1
11月	3 790	-46.1	10.6	245.0	8.5	-0.1

资料来源：中国香港差饷物业估价署。

附表 44

澳大利亚住房价格

	澳大利亚住房价格		
	价格指数（1997 年=100）	同比增长率（%）	环比增长率（%）
2004 年	100.0	15.5	
2005 年	101.2	1.2	
2006 年	105.1	3.9	
2007 年	115.5	9.9	
2008 年	129.0	11.7	
2009 年	126.1	−2.2	
2010 年	143.5	13.8	
2011 年	147.5	2.8	
2012 年	142.7	−3.3	
2010 年			
一季度	147.1	18.8	3.4
二季度	149.8	16.0	1.8
三季度	148.1	9.9	−1.1
四季度	148.8	4.6	0.5
2011 年			
一季度	147.3	0.1	−1.0

续前表

澳大利亚住房价格			
	价格指数（1997年=100）	同比增长率（%）	环比增长率（%）
二季度	145.8	−2.7	−1
三季度	143.1	−3.4	−1.9
四季度	142.3	−4.4	−0.6
2012年			
一季度	142.3	−3.4	0
二季度	143.2	−1.8	0.6
三季度	142.9	−0.1	−0.2
四季度	145.9	2.5	2.1
2013年			
一季度	147.1	3.4	0.8
二季度	151.0	5.4	2.7
三季度	153.8	7.6	1.9

资料来源：澳大利亚统计局。

图书在版编目（CIP）数据

中国房地产市场运行监测报告. 2013/马建堂主编. —北京：中国人民大学出版社，2014.5

（房地产蓝皮书）

ISBN 978-7-300-19241-3

Ⅰ.①中… Ⅱ.①马… Ⅲ.①房地产市场-研究报告-中国-2013　Ⅳ.①F299.233.5

中国版本图书馆 CIP 数据核字（2014）第 081979 号

房地产蓝皮书

中国房地产市场运行监测报告（2013）

主　编　马建堂
副主编　许宪春　贾　海

Zhongguo Fangdichan Shichang Yunxing Jiance Baogao（2013）

出版发行	中国人民大学出版社			
社　　址	北京中关村大街 31 号		**邮政编码**	100080
电　　话	010－62511242（总编室）		010－62511770（质管部）	
	010－82501766（邮购部）		010－62514148（门市部）	
	010－62515195（发行公司）		010－62515275（盗版举报）	
网　　址	http://www.crup.com.cn			
	http://www.ttrnet.com（人大教研网）			
经　　销	新华书店			
印　　刷	北京宏伟双华印刷有限公司			
规　　格	162 mm×235 mm　16 开本		**版　　次**	2014 年 5 月第 1 版
印　　张	14.75 插页 2		**印　　次**	2014 年 5 月第 1 次印刷
字　　数	180 000		**定　　价**	118.00 元